小活动 大智慧

——初中地理活动课程

肖金花　编著

操作性　趣味性　启发性

世界图书出版公司
广州·上海·西安·北京

图书在版编目（CIP）数据

小活动　大智慧：初中地理活动课程 / 肖金花编著 .—
广州：世界图书出版广东有限公司，2019.5（2024.3 重印）
ISBN 978-7-5192-6254-9

Ⅰ. ①小… Ⅱ. ①肖… Ⅲ. ①中学地理课—初中—教材 Ⅳ. ① G634.551

中国版本图书馆 CIP 数据核字 (2019) 第 094064 号

书　　名　小活动　大智慧——初中地理活动课程
　　　　　XIAO HUODONG DA ZHIHUI ——CHUZHONG DILI HUODONG KECHENG
编 著 者　肖金花
责任编辑　刘　旭　施国中　朱　霞
装帧设计　黄毅文
责任技编　刘上锦
出版发行　世界图书出版广东有限公司
地　　址　广州市海珠区新港西路大江冲 25 号
邮　　编　510300
电　　话　（020）84452179
网　　址　http://www.gdst.com.cn/
邮　　箱　wpc_gdst@163.com
经　　销　新华书店
印　　刷　广州市迪桦彩印有限公司
开　　本　787 mm × 1 092 mm　1/16
印　　张　11
字　　数　172 千字
版　　次　2019 年 5 月第 1 版　2024 年 3 月第 3 次印刷
书　　号　ISBN 978-7-5192-6254-9
定　　价　68.00 元

自序

我从2006年任学校地理教研组长开始，基于地理教学重“教”轻“学”、重“传授”轻“体验”、重“书本”轻“生活”；学生认为地理无趣、无用、难学；所学知识模糊、散乱，缺乏体系等问题，带领教研组开展学生手绘地图、画思维导图、制作模型、操作实验、野外考察等活动，并在“史地活动周”集中展示，成为教研组常态工作。当初我们只是单纯地为解决问题而开展学生活动，未曾想过要出版书籍。2012年我的工作室挂牌成立后，来跟岗学习的各期省、市学员对这些活动表示极大的兴趣和认可，在他们的启示、要求和鼓励下，我才逐步萌发出版“活动课程”的想法。

本书书稿完成于2018年初，当时我就想把教研组这些年来开展活动的成果汇集和提炼成一门兴趣选修类的校本课程，希望读者拿到它，就可按图索骥开展书中的活动，所以采用了大量的图片，没有太多理论的阐述，文字言简意赅。因前期对学生的活动过程和活动作品没有做好记录和留档，加之拍照经验不足，导致虽然开展了十几年的实践活动，能放在书中的理想照片却并不丰富，连作品的指导教师当时都没有一一记录，甚是遗憾。

其中很多学生作品涉及各国、各区的版图，因为是手绘地图，很难做到精确无误，而我又想保持作品的原貌，不想后期修饰美化，于是在审图时遇到不少麻烦，让出版一拖再拖。后来就把这类作品抽取部分出来，汇集成了《学生优秀作品选编》这本小册子。书稿经丁尧清、钟业喜、曾玮、施美彬等老师阅读、指导，得到他们的肯定和热情推介。感谢他们！也感谢长安实验中学的领导们和地理科组的老师们！

本书2019年5月出版后，受到许多地理教师的喜欢，他们有的把它作为开展地理科组文化建设的辅导书；有的把它作为课堂教学或课题研究的参考书；有的把它发给地理社团学生，作为活动教程；等等，带动了不少学校地理科组的教研活动。这让我既高兴又紧张，高兴的是得到大家的认可和接受，紧张的是它并不够成熟和完善。

尽管历次课程改革一再强调构建开放的地理课程，倡导联系生活、自主学习、积极探究等学习方式，然而绝大多数的中学地理课堂依然是局限于教室狭小空间内的“讲授—接受”。即使有些学校开始了各种校本课程的开发与实践，也存在着校本课程与国家课程的教学进度不一致、缺乏连贯性和层次性、活动形式化等普遍问题。这其中除了教育体制的影响，还有一个很重要的原因，就是我们缺乏让这些理念落地的、系统的理论指引和丰富的实践探索。本书算是小小地弥补了市面缺少地理实践探索书籍的遗憾。

2021 年 4 月，教育部发布《关于加强义务教育学校作业管理的通知》，带动各级教育部门和一线教师们积极探索：减少书面作业，布置分层作业、弹性作业和个性化作业，科学设计探究性作业、实践性作业和跨学科综合性作业。2022 年 4 月，教育部颁布《义务教育地理课程标准（2022 年版）》，提出地理课程目标要围绕核心素养，即“人地协调观”“综合思维”“区域认知”“地理实践力”的培养。在课程内容结构设置上，将地理实践和地理工具的运用贯穿各主题，把学科知识和学科活动融为一体，并规划不少于地理课程总课时 10% 的课时进行跨学科主题学习，把常受忽视的“地理实践力”的培育提到重要地位。

现实的教学问题和政策法规的要求迫使教师们更加关注起活动课程来，近年又有不少教师向我询问本书，可当时出版时考虑到受众小，印刷量小，本书早已售罄。在征得出版社同意并在她们大力支持下，借地理概念教学课题的另一成果《核心素养导向下的中学地理概念教学》出版的机会，本书得以重印上市。

这次重印，本书根据《义务教育地理课程标准（2022 年版）》中的课程内容结构、内容要求和学业要求等进行了适当调整，把活动课程分为“课堂活动”“地理绘画”“地理制作”“综合实践”四大模块，补充了一些内容，丰富了案例和评价，使活动课程更加科学、系统，操作性更强。这四大模块从课内到课外，从平面思维到立体思维，从简单描摹到创新制作，从单一技能到综合技能，动手能力和思维能力不断进阶。

本书出版五年多来，学校一直大力支持和鼓励我们开展学生活动，教研组也一直秉持“为了每个孩子的健康成长”的初心，后来的教研组长陈小玲、佘晓彤老师积极创设新的学生活动，如开展了模拟研学汇报、地理文创设计、乡土地理项目式学习及其手抄报等，让我校的地理实践活动更加成熟和完善，也让本书内容更丰富。另外，读者们的建议以及 2022 年版课程标准带来的重要变化，如项目式学习、跨学科主题活动、教学评一体，等等，在重印图书里都有体现。

重印的这本地理活动课程已不仅是兴趣选修类的校本课程了，而是基于《义务教育地理课程标准（2022 年版）》，以地理课程内容为主干，融合其他课程的相关知识和方法，核心素养导向下的综合实践必修课程了。我在重印时努力回应新时代的新发展、新要求和新期待，也许还不能如您意，没有关系，我们毕竟行动了多年，以后还会越来越好。如果本书能带动更多的地理同仁加入此中，我就心满意足了。

肖金花

2024 年 2 月

前 言

从 2001 年《国家基础教育课程改革纲要（试行）》“改变课程结构过于强调学科本位”“过于注重书本知识的现状”，提出 “实行国家、地方、学校三级课程管理”，开始启动第八次基础教育改革，到 2011 年义务教育课程标准修订，提出三维目标；2014 年提出全面深化课程改革，落实立德树人根本任务和培养学生地理核心素养，国家一直在倡导要促进学生个性充分而全面地发展，鼓励学校开发和利用课程资源，探索具有地方特色的校本课程，以满足学生多样化的学习需求。在课程实施过程中，要摒弃被动接受式学习，提倡主动参与、乐于探究、勤于动手的学习态度和方式，切实提高学生的创新精神和实践能力。

地理学是研究地理环境以及人类活动与地理环境相互关系的科学，具有很强的综合性、地域性和实践性。这种学科特性决定了地理教学不能照本宣科，需要进行各种各样的学生活动。初中地理教材里有很多“活动”内容，有的涉及读图和绘图技能训练，有的涉及开放性讨论，有的需要动手操作实验或制作地理模型，有的需要开展社会调查，等等。这些“活动”内容从不同的角度丰富学生的地理知识，培养解决地理问题的行动力和意志品质。但长期以来，中学地理教育注重理论学习，多用“传授—接受”教学模式。缺乏地理实践力培育的问题一直是各方关注的重点，也成为地理课程改革关注的热点。

长安实验中学地理教研组和“地理概念教学研究”课题组以课程标准、课改要求、学生需求、教师研究为基础，充分挖掘校内资源，开展如绘制地图、模拟实验、教具制作、气象观测和天文观测等地理教材中的实践活动，同时积极开发校外资源，包括博物馆、展览馆、科技馆、社区、工厂等社会资源和阳光雨露、河流山川、地质地貌、天文气象、生物矿产等自然资源，结合校内外资源搭建实践平台，在观察感悟、动手操作、实践探究、理解包容、展示反馈中，了解学生的思维特点、前概念和迷思概念①等，再立足学情，有的放矢，因材施教，培养

① 本文所提到的“前概念” 是指学生在正式学习某一地理概念之前，通过自己对地理事物和地理现象的观察、体验以及根据已有知识的理解、推断而产生的对该概念的认知。“迷思概念”是学生在学习科学的地理概念之前即具有的不全面、不正确或迷惑不解的认知。——编著者释

学生的人地协调观、综合思维、区域认知和地理实践力。

《小活动　大智慧——初中地理活动课程》是教研组在不断地实践和研究中，逐步形成的活动教材。从 2006 年开始，她们最初以长安实验中学的学生为实践对象进行研究，后来通过广东省肖金花名师工作室的各种活动将这本活动教材在各市推广。该书包含地理绘画、地理小制作、地理实践活动三类课程，每类课程里面包含课程背景、内容安排、活动步骤、优秀作品展示或典型活动案例等内容，每个活动案例又有详细的背景、要求、目标、分组分工、活动步骤、操作简图、过程记录、结论感悟等，还设计了便于在家独自完成的自主活动“做一做”等。整本课程融合了多样的校内外课程资源，内容丰富，图文并茂，操作性强。

通过实践研究，我们深切体会到：开展这些地理活动既满足学生探索自然奥秘，认识社会生活环境的需求，又有助于深入理解教材中的重要地理概念、地理原理和地理思想教育内涵；既能提高学生的观察能力、思维能力和学以致用能力，又培养了主动参与、乐于合作、勤于动手的学习态度，以及人地和谐、爱国爱家的情感和价值观，是拓展地理教学，推行素质教育，培养地理学科核心素养的有效途径。

正如美国华盛顿儿童博物馆的墙壁上那段名言：“我听见了就忘记了，我看见了就记住了，我做过了就理解了。”希望本书不仅对一线地理教师开展课外活动、建设科组文化有较好的参考价值，也对探寻校本课程的开发，教与学方式的优化具有很好的借鉴意义。

肖金花

2018 年 6 月

目录

绪论　地理活动课程概述

模块一　课堂活动类

模块二　地理绘画类

模块三　地理制作类

模块四　综合实践类

绪论　地理活动课程概述

本地理活动课程是基于学生的已有经验和体验，以提升学生地理核心素养为课程需求，依据学生的身心特点，密切联系社会生活，综合运用地理知识，并融合其他学科知识的实践性课程。它依托广东省东莞市长安实验中学地理教研组、“地理概念教学研究”课题组和课题实践单位多年教学实践研究的积淀，将学科知识（包括乡土地理）、社会发展、学生实际与地理核心素养培育融为一体，体现地理学科独特的育人价值。

课程背景与依据

一、离身教育与具身教育的差异

“离身教育”（disembodied education）在传统学校教育中占据主导地位。它源于法国笛卡尔的“身心二元论”，即强调身与心、肉体与灵魂、物质与精神等之间是相互分离的。离身教育认为，教学是一种既定心智的抽象表征活动，类似于计算机式的输入、加工和输出的过程[①]，教学的目的就在于通过复制、训练、再现等活动，让学生逐步掌握有关概念、原理、规律等一系列抽象符号，促进学生客观知识的获得和思维能力的发展。

随着认知科学、神经科学等的发展，只追求知识传递、心智培养和理性塑造的离身教育受到了越来越多的挑战。

具身认知（embodied cognition）认为，认知或心智主要是由身体的动作和形式所决定。各种类型的认知活动都受到身体和身体感觉运动图式的制约和塑造。

① 邱关军.从离身到具身：当代教学思维方式的转型[J].教育理论与实践，2013，33（1）.

具身认知其实由来已久，英国洛克的“一切知识来源于经验”、法国卢梭的自然主义教育思想、美国杜威的“做中学”、瑞士皮亚杰的儿童认知发展机制理论等被看作具身认知理论的有力支撑。

具身教育注重身体、环境在认知中的作用，要求教学的具身性、情境性和生成性。其中，具身性强调在教学过程中身体发挥的重要作用，情境性要求教学活动的安排要与教学内容及学生的现实需求发生紧密的联系，生成性则侧重强调课堂教学是师生互动过程的展开。

地理实践不是一种简单的心智教育过程，而是身体力行、知行合一的过程。“地理实践力”的提出，体现着离身式的地理教育转向具身的地理教育，体现着学科世界与生活世界的有机融合。

二、国家课程改革与教学现状的矛盾

新课程改革强调“四注重”——重过程、重体验、重探究、重整合，“五发展”——全面发展、全体发展、主动发展、个性发展和终身发展，要求学生的学习具有主动性、独特性、体验性与问题性。这对教师提出了崭新的要求，要求教师不单要改变传统的教学方式，还应该转变角色，不仅是地理知识的传授者，学生学习的引导者、合作者，而且是课程资源的开发者，地理教学的研究者。

可是受传统认知观和中高考指挥棒的影响，学生的学习呈现出被动性、统一性、虚拟性和附和性。课程知识与学生实际相脱离，重“教”轻“学”、重“传授”轻“体验”、重“书本”轻“生活”，地理知识存在于学生的想象中，学生的地理学习与实践是相互割裂甚至背离的，使得实践性很强的地理学科无法突出其实践性，与“学习对生活有用的地理”的教学理念相去甚远，难以引发学生的深度思考和培养学生的高阶思维，立德树人根本任务难以落实。

针对教学中的各种问题和时代的新挑战，从 2014 年起，国家颁布了一系列的教育政策和指南，如《关于全面深化课程改革落实立德树人根本任务的意见》、《中小学综合实践活动课程指导纲要》、《大中小学劳动教育指导纲要（试行）》、《大中小学国家安全教育指导刚要》、《生命安全与健康教育进中小学课程教材指南》等等，希望能调整和完善课程结构与内容、更新教与学的观念、转变教与学的方式、重建学校管理与教育评价制度。但教学改革仍是困境重重。

如果从离身认知和具身认知来分析原因，笔者认为，一方面，政策制定者立足专家思维，把问题理念化、操作概念化、话语学术化，但缺少身体力行的一线教学，难以理解和预测教学实践问题，类似于离身式的认知，让不少政策听着有理有据，却难以落地；另一方面，师生思维、教学管理、教育评价等复杂现实与专家设想存在明显落差，让这种外部强行推动的教学变革难以得到一线教师的真正理解和深入实践，这种类似于离身式的教学改革只能是观念传授式的、没有根基的变革。要让教学改革顺利推行，必须有政策制定者、教学研究者和一线教师共同的具身实践。

三、地理核心素养和考评体系的差距

地理学是研究地理环境以及人类活动与地理环境相互关系的科学。《普通高中地理课程标准（2017 年版）》和《义务教育地理课程标准（2022 年版）》都提出地理课程目标要围绕核心素养，即“人地协调观”“综合思维”“区域认知”“地理实践力”的培养。为此，高中和初中地理新教材里都补充了大量“活动”内容，它们从不同角度丰富学生的认知，培养地理能力和优良品质。

可是传统的地理教学和考查一直强调学科本位，重视人地协调观、综合思维和区域认知的培养，忽视地理实践力的培养。因为现行的教学质量考评体系不完善，标准单一，而实践力素养是必须通过实践活动才能形成的意志品质和能力，它很难落实在课堂上、考卷里，难体现在一分两率里。学生实践力素养难培养，难考评，成效不明显，使很多学校、教师对活动课程浅尝辄止、望而却步。

为此，《义务教育地理课程标准（2022 年版）》在“课程实施”里面提出：“教师要不断改进教学方法，突出学生的自主、合作、探究式学习，设计具有整体性的教学活动过程。”“教师要努力创造条件，组织学生开展地理实践活动，如地理实验、社会调查和野外考察等，使学生有机会在真实环境中经历体验式学习。”“地理实践活动的设计和实施要与课程内容相结合，让学生体验‘认知—实践—深化认知’这一完整的地理实践过程。”并在“评价建议”里面强调教学评一体，强化过程评价，健全综合评价。以考评体系的变革倒逼核心素养的落地。

四、校本课程与国家课程的脱节

现行的学校课程，由于遵循了传统的教学思想与方针，存在不少问题，如学科课程占据绝对主导地位，而经验课程则微乎其微；分科课程占据绝对主导地位，而综合课程则微乎其微；必修课程占据绝对主导地位，而选修课程则微乎其微；国家课程备受关注，而地方课程和校本课程得不到实质性开发。单一的课程类型忽视或放弃了其他课程类型在学生发展方面的价值，导致了学生难以全面发展。

2001 年《国家基础教育课程改革纲要（试行）》提出“实行国家、地方、学校三级课程管理”，强调课程的均衡性和选择性，加强学校教育与社会发展的联系，带动不少学校开始了各种校本课程的开发，但是不少校本课程与学校课程的教学进度不一致，不分学段，缺乏连贯性和层次性，活动表象化强，形式大于内容的现象较普遍。系统的、可操作的初中地理方面的活动课程更是少之又少。

除上述背景外，还有学校办学的需要，如不少学校为体现办学特色，大力推行校园学科文化建设、特色校本课程开发等，促进校园文化、课程体系、教学内容和管理、教学方法和手段等的改革；还有社会与家长的期待、学生发展与教师成长的需求等大大小小、里里外外各种背景，促使我们开发和实践活动课程。

课程意义与目标

一、课程意义

通过活动过程把身体感觉系统和教学环境连接起来，改善课程过于注重心智教育和知识传授的离身式倾向（见图 1），改变课程结构过于强调学科本位、缺乏学科知识整合和跨学科融合的现状，加强课程内容与学生生活、现代社会、科技发展的联系，让地理教学更关注学生的学习兴趣和经验，缓解学生接受学习、机械训练的束缚和疲累，在学生深入思考、合作探究、实践操作中，反思原认知，重构和进阶出新认知，培养学生调用已有知识、使用地理工具、搜集与处理信息、获取新知识的能力，以及分析与解决问题、交流与合作的能力。

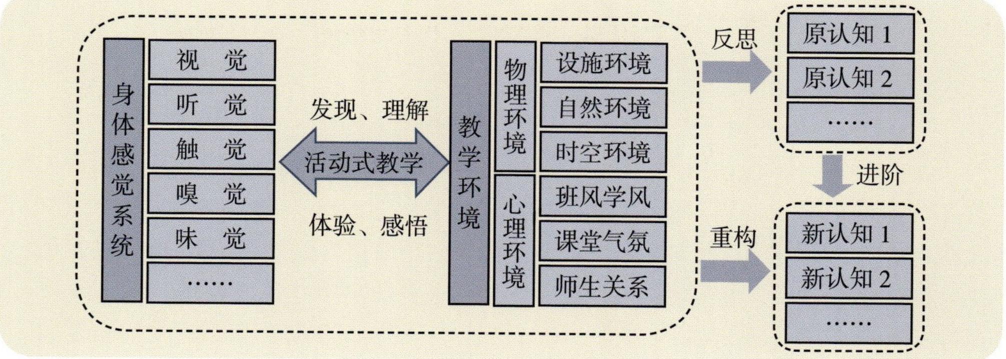

图 1　具身认知理论下的活动式教学过程

二、课程目标

提高使用地理工具分析地理事物和现象的能力，获得亲身参与活动的积极体验和丰富经验；深入理解地理知识，获得基本的地理技能和方法；形成并逐步提升对自然、社会和自我之内在联系的整体认识，激发家国情怀，形成人地协调观念；培养地理学习的兴趣，养成合作、分享、积极进取等良好的个性品质；形成从生活中主动地发现问题和解决问题的态度与能力。成为具有具身认知、创意物化、问题解决和价值体认等方面意识和能力的时代新人。

课程内容与结构

一、课程内容

初中地理活动课程内容包括四大模块（见图2）。

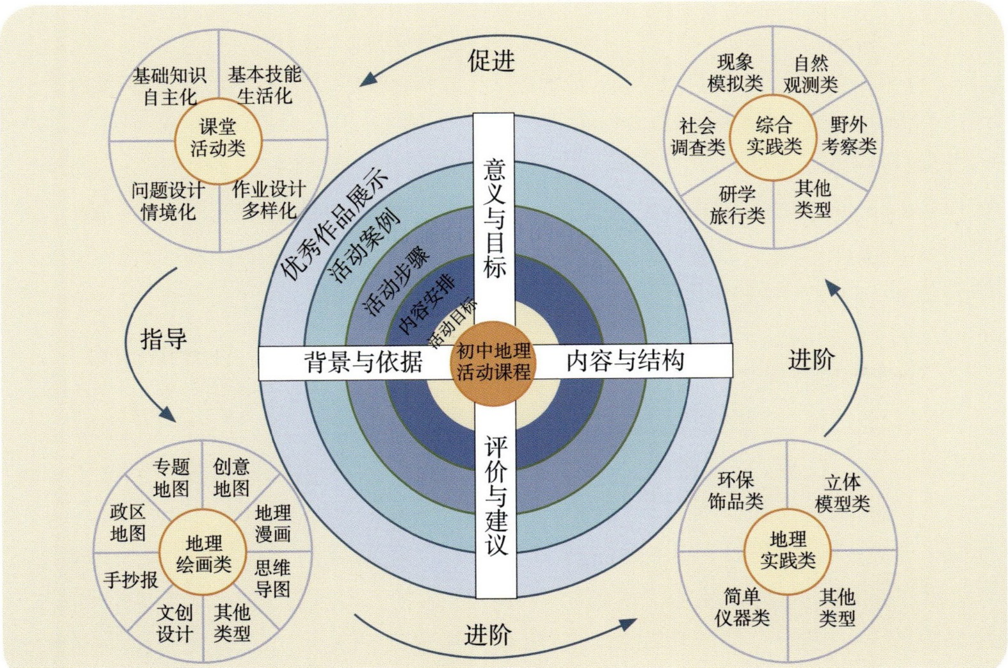

图2 初中地理活动课程内容结构

模块一：课堂活动类。主要是基于课程标准和地理教材的各种教与学的活动。需要特别强调的是：这里的课堂不局限于课内或教室，只要有教师、学生、教学目标、知识信息、教学工具与设施、教学场所等要素就可称为课堂，比如云课堂、户外课堂等。课堂活动包括：基础知识自主化、基本技能生活化、问题设计情境化、作业设计多样化。

模块二：地理绘画类。细分为专题地图、政区地图、创意地图、地理漫画、思维导图、地理手抄报、地理文创作品设计等。

模块三：地理制作类。细分为环保饰品类、立体模型类、简单仪器类等。

模块四：综合实践类。细分为现象模拟类、自然观测类、社会调查类、野外考察类和研学旅行类。

每个模块包括内容安排、活动目标、活动步骤、活动案例和优秀作品展示。每个活动案例又包括背景或意义、要求或目标、准备或培训、过程或步骤、注意事项、操作简图、过程记录、结论感悟、其他做一做或可参考案例等。四大模块贯穿整个初中阶段，与课标要求、教学进度紧密结合，既有纵向进阶，又有横向进阶，还可根据社区、学校、师生的区域实际和发展需要，实时调整活动主题。

二、课程结构

“课堂活动”是整个活动课程的核心，它随着教学内容走，指导和统领着其他三大模块。笔者依据《义务教育地理课程标准（2022 年版）》的五大主题进行大分类，再按专题设置大单元，每个大单元设计一或两个真实性任务，即项目学习内容，以此统领单元内的各专题。各个专题里面，依据知识序列和层级学习目标设计衔接合理、进阶性的三类活动，分别对应三大模块，使国家课程与校本课程进度一致、学科知识与学科活动融为一体，大大增加了可操作性，让核心素养的培育落地扎根。

“地理绘画”是实践活动的基础和初级阶段。地图是学好地理必不可少的工具，绘图是传统读图的进阶，是触觉、视觉和运动等的结合。在绘图过程中，学生手脑并用，注意力高度集中，对大量零碎的知识进行梳理和重组，呈现在一张图上，既重温了知识，对知识进行重新梳理和主动建构，形成一定的空间联系，深化了地理概念的理解，又大大提高了地图技能、空间视角、综合思维等地理素养。

从平面的、简单描摹的“地理绘图”到立体的、多项技能综合的“地理制作”是思维的又一进阶，体现出事物间多角度，更复杂的关系。“地理制作”要求学生既关注整体性，又关注层次性，对培养学生的空间思维和整体美感，开拓思维活动的宽度和深度有重要意义。经过“地理绘画”和“地理制作”，学生深刻感知身边的地理事物和现象，积累丰富的地理表象和生活体验，深化对地图三要素、海拔、等高线、地形、位置、空间等系列地理概念的理解，形成从地理综合的视角看待和分析问题的意识和能力，培养崇尚真知、独立思考、大胆尝试的科学精神。

“综合实践”是实践活动的高阶形式。它聚焦真实问题，引导学生在校内、校外的真实环境下，运用所学各学科知识、地理工具和团队合作等，增强学生信息运用、实践操作、解决实际地理问题等的能力，培养乐于合作与创新、勇于克服困难等品质，促进学生全面发展及师生共同发展。例如，通过观察测量、实验操作、对比分析等活动，归纳区域特征，比较区域差异，理解区域联系，提升从空间—区域的视角看待和分析区域问题的意识和能力，激发热爱家乡、热爱祖国、热爱地理的情感；通过野外考察、社会调查、研学旅行等活动，更深刻地认识到地理环境是人类生存的基础，人类活动影响着地理环境，对家乡出现的地理问题，能作出合理的分析和价值判断，培养人与自然和谐共生的观念和对地理环境的审美情趣。

“地理绘画”“地理制作”“综合实践”三模块的开展最终促进“课堂活动”的高效运行。

活动模式与释义

在长期的实践研究中，笔者形成了“一体四维四翼”的初中地理活动模式（见图 3）。

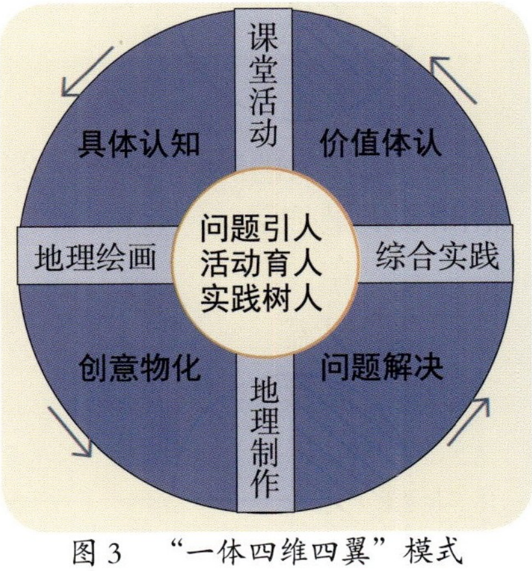

图 3　“一体四维四翼”模式

一、“一体”

“一体”指将问题引人、活动育人和实践树人融为一体，体现以人为本。“一体”位于中心，是活动课程的核心目的，阐释了“为什么做”。

问题引人，指利用生活中的真实问题将学生引入知识的海洋和探究的世界。对学生，这好比“培土筑基”。

活动育人，指学生在活动的主动参与中丰富经验和体验，了解和践行价值信念。好比“育种发芽”。

实践树人，指学生在综合实践中内化和建构自己的价值认知。这好比“生根成树”，最终达到立德树人的目标。

二、“四维”

“四维”指具身认知、创意物化、问题解决和价值体认，是活动课程的四大具体目标。这四大目标既有层递关系，又有交叉关系，与知识和技能，过程和方法，情感态度和价值观相对应。

具身认知是在心智、身体和环境的结合和统一中愉悦地认知。它强调认知发生在真实、具体的环境中，需要听觉、视觉、触觉、嗅觉、味觉、平衡感等感觉系统和运动系统等与教学环境的交互作用。

创意物化是在认知的基础上学以致用，将一定的想法或创意付诸实践，并形成物化的学习产品。从而激发学习兴趣，加深对学科知识的理解，提高实践能力。

问题解决是通过“知与行”“动手与动脑”“书本知识和生活经验”的结合与统一，形成高通路迁移②，把所学有意识地迁移到复杂的、不相似的环境中，使问题得到解决。

价值体认是指最终形成自己稳定的、积极的情感态度和价值观，如形成对事物的好奇心和审美情趣，形成乐于合作、积极进取、严谨细致的科学态度，形成对自我、学校、社区的责任担当，形成尊重自然、与自然和谐相处的意识和可持续发展观念等。

三、“四翼”

“四翼”指“课堂活动”“地理绘画”“地理制作”和“综合实践”，是课程内容，阐释“怎么做”。其中，“课堂活动”紧扣《义务教育地理课程标准（2022 年版）》中的课程内容，是国家课程的补充，也是整个活动课程的重

② 低通路迁移依赖的是新任务和原任务之间的相似性，比如通过大量的练习，让学生熟悉各种题型，达到相似的“具体与具体”之间的简单关联。而高通路迁移则不断形成“具体与抽象”以及“抽象与抽象”交错的复杂认知结构，从而能链接不相似的“具体与具体”。解释来自：刘徽．大概念教学：素养导向的单元整体设计 [M]．北京：教育科学出版社，2022.09.

点和整体规划。因各个版本的地理教材相对独立，有各自的知识结构和活动系统，所以本模块只是基于核心素养进行简单的举例，具体操作步骤在后三个模块里面以案例形式详细阐述。教师在操作时，根据所用教材、学生的具体经验、当代社会生活的变化和需要进行灵活处理。“地理绘画”“地理制作”“综合实践”的综合性和实践性强，多是在课外完成，教师宜视域情、校情、学情，选择性和创新性地开展。

活动评价与建议

本书的活动评价不需要甄别与选拔功能，而要发挥评价促进学生发展、教师提高和改进实践活动的功能，最终落实立德树人的根本任务。评价需要坚持德育为魂、能力为重、基础为先、创新为上的素养导向。要发挥评价科学、客观、准确、有效的测评功能，就需要教师多途径收集学生在活动过程中的表现和是否达到课程目标要求等信息，并强化过程性评价，建立综合的、动态的、有针对性的评价体系。

每个人都需要学会评价，不仅要会评价他人，更要会正确地评价自我。地理活动课程四大模块的评价均采用教师评价和学生自评、组员评价相结合，过程性评价和结果性评价相统一的形式。要注意：结果性评价的组评主体为其他小组组员，即用小组互评的形式，过程性评价的组评主体则为本组内组员，这样保证评价更公平、客观、全面。

过程性评价侧重评价日常活动过程中学生的表现和进步情况，包括情感态度、合作意识、探究意识、创新意识等方面，贯穿整个学习过程。可以每个活动时段都评价，也可以分几个阶段评价，教师需要把每一次的评价材料收集起来，装入每个学生的活动评价档案袋，定期梳理，在学期末综合评价一次。当然，教师也可以找几个要特别关注的学生，进行个体的追踪观察与评价。

过程性评价占活动总评价的40%，由评价主体参照评价标准，对各维度进行等级评价（见表1）。比如，某学生在某个活动中满足“情感态度”的各条标准，组评为五星级，小组长就在评价表中“组评”栏的五颗“☆”上都涂上颜色。最后统计出在自评、组评和师评各自共获得多少颗星。并由评价主体简单写上质性评语，即该阶段该学生最突出的亮点表现、进步之处或需改进之处等。

表 1　学生活动过程评价表

学生姓名：______________班级：______________小组：____________

时间段：___________年____月____日　至____________年____月____日

类别	评价维度	评价标准	自评（20%）	组评（30%）	师评（50%）
过程性评价（40% ）	情感态度	目标明确，有进取心，热情饱满；认真听讲，积极发言，无缺席现象；乐观对待挫折与困难，按时保质完成任务；有责任担当，充满正能量	☆☆☆☆☆	☆☆☆☆☆	☆☆☆☆☆
	合作意识	能与同学和谐相处，共同学习；能分享学习资源，乐意帮助同学；能吸纳和听取别人的正确意见；能正确评价和约束自己	☆☆☆☆☆	☆☆☆☆☆	☆☆☆☆☆
	探究意识	敢于提出问题，发表个人意见；能积极思考问题，思维活跃；能提出解决问题的方法；主动承担任务，善于探索	☆☆☆☆☆	☆☆☆☆☆	☆☆☆☆☆
	创新意识	好奇心和求知欲强，善于观察；具有批判精神，爱质疑问难；经常提出有价值、创造性的建议；富于想象，逻辑缜密，独立性强	☆☆☆☆☆	☆☆☆☆☆	☆☆☆☆☆
	在过程性评价中共获得的“☆”颗数		（　）颗☆	（　）颗☆	（　）颗☆
质性评语	自我评语				
	小组评语				
	教师评语				

本书的结果性评价不包括学业水平考试及其他测试，只针对活动成果。按成果的呈现形式，可把学生的活动成果大致分为知识类和产品类。知识类以文字为主，包括各种报告（如研究报告、实验报告、调查报告、考察报告），方案设计（如调查方案、研究方案、旅行方案、文创设计方案、分布规划、实施建议等），还有地理小论文、辩论稿、剧本、活动感受等；将自己的创意、方案付诸现实，转化为物品或作品就成了产品类的成果，比如各种绘画、绘本、手抄报、模型、仪器、饰品、标本、卡片、标志、视频等等。

教师可根据实际情况规定学生必做和选做的活动任务。笔者一般要求每个学生一学期交4—6份的个人成果，每个模块必须有一件产品，并按难易程度进行不同权重的赋分，每次展示了成果，就实时进行评价（见表2），期末算出每个学生个人成果的综合得分。还必须以小组为单位，每一学期上交一份跨学科主题学习成果。平时个人成果和最终团队成果的综合得分分别占结果性评价的一半。

因为学生的学业紧张，很难做到各个活动都深入参与，为了让学生充分利用空余时间完成活动成果，而不流于形式，笔者在开学初就下发本学期活动任务单和评价表，让学生明确活动任务、评价项目和作品上交截止时间等。学生和小组“点餐式”地先挑选自己本学期要重点完成的项目，提前做好规划。教师则不时公示学生的成果完成进度和阶段评价，促使活动的顺利开展。

表2　学生活动成果评价表

作品名称：____________________上交时间：____年____月____日

主创姓名：____________班级：_______组员：____________________

类别	评价维度	评价标准	自我评价（20%）	小组互评（30%）	教师评价（50%）
结果性评价（60%）	思想性	作品内容积极健康；个人独立或合作完成的真实作品；充分体现环境保护意识和家国情怀	☆☆☆☆☆	☆☆☆☆☆	☆☆☆☆☆
	科学性	地理要素齐全，规范合理；主题突出，表达清楚，图文一致；运用合理的工具和方法，没有知识性错误	☆☆☆☆☆	☆☆☆☆☆	☆☆☆☆☆

（续表）

类别	评价维度	评价标准	自我评价（20%）	小组互评（30%）	教师评价（50%）
结果性评价（60%）	实用性	蕴含的地理内容丰富，层次清晰；应用方便，能够解决实际问题；有可预见的推广价值和社会效益	☆☆☆☆☆	☆☆☆☆☆	☆☆☆☆☆
	结构性	排版合理、美观；构图准确，比例恰当；主次分明，整体感强	☆☆☆☆☆	☆☆☆☆☆	☆☆☆☆☆
	艺术性	美观干净，外观完整、形象生动；色彩运用合理，丰富和谐；可视性强，有一定的收藏和保存价值	☆☆☆☆☆	☆☆☆☆☆	☆☆☆☆☆
	创新性	题材新颖，有意义；手法创新，构思有想象力；作品原创度高	☆☆☆☆☆	☆☆☆☆☆	☆☆☆☆☆
	本作品共获得的“☆”颗数		颗☆	颗☆	颗☆
质性评语	自我评语				
	小组评语				
	教师评语				

因为活动形式多样，有什么样的活动就能产出对应的活动成果，所以需要教师根据实际情况对上述评价量表进行增补或删减。在后面各模块的具体操作过程中，笔者会对各类活动进行有针对的评价。

模块一　课堂活动类

课堂活动是教师为实现课堂学习目标而设计或部署的活动。广义的课堂不局限于课内或教室，还包括云课堂、户外课堂等。课堂活动非常丰富，大致可分为三类：被动活动（即常规教学活动，如听讲、阅读、问答、观看演示或视频等）；主动活动（如模拟、游戏、基于解决问题的探究、户外观察观测等）；协作活动（如角色扮演、小组讨论、情景互动、社会实践等）。所以，本书的另三大模块其实都可囊括在广义的课堂活动里面。

活动内容

课堂活动有的用来激发学生的学习兴趣，有的用来丰富真实体验，有的用来促进概念性思维，还有的用来鼓励学生深入学习和积极讨论，等等。任何一项课堂活动都可能具有不止一个类别的特征和不止一个作用，它是多种素养的重叠。本书的课堂活动包括：基础知识自主化、基本技能生活化、问题设计情境化、作业设计多样化。

基础知识自主化，即充分发挥学生的自主性，通过各种课堂活动多维度、多角度、多层次地落实地理基础知识。如通过学生课前板图和画思维导图，自学教材，主动质疑，理清知识脉络；通过课堂模拟实验，以操作取代接受，以“观”“悟”现象取代“听”“记”现象，提高对地理现象和原理的理解和运用，等等。

基本技能生活化，即贴近学生的已有经验和体验、生活实际和社会现实开展地图技能、地理综合分析和归纳推理技能、地理图表技能、地理观察与社会调查技能、地理统计与计算技能等的训练。如利用各种材料制作各级行政区拼图、地球仪、日晷仪、三球仪、等高线模型等。

问题设计情境化，即创设较真实的问题情境，以项目式学习的形式，用任务单、问题链引导学生解决真实问题，通过发现、了解、掌握、体验、感悟、反思等系列情感体验，主动建构知识，提高地理素养。

作业设计多样化，即除了教材和练习册的笔头作业，在周末或寒暑假开展绘图拼图、地理制作、地理文创、综合实践等个性化作业。

活动方案

下面根据《义务教育地理课程标准（2022 年版）》中的课程内容结构和内容要求，对初中阶段的地理课堂活动进行顶层设计和整体规划。这些课堂活动都属于主动类和协作类。

首先，按课标中的五大主题排序，根据实际教学内容的多少、难度的大小、所需课时的多少等综合考虑，每个主题下面确定若干大单元。其次，每个大单元先聚焦一个贴近学生生活，且能引起学生共鸣的真实情境问题，设计一次项目式学习，设置真实性任务，统领整个单元。在该主题或大单元结束时，对活动成果进行展示和评价。再次，每个大单元里面按专题细分出三类难度不一的活动，有地理绘画类的初阶活动、地理制作类的中阶活动和综合实践类的高阶活动，由不同层次的学生完成，或者学生根据自己的实际情况选择完成。同一阶活动里有些设计多个活动，方便学生根据自己的条件和兴趣选择完成。里面有不少活动的具体操作在本书模块二、三、四里面有详细阐述。

在每个学期期末，还设计了一个跨学科主题活动。跨学科主题活动的时间不一定在期末，可根据实际情况灵活安排。笔者的做法是：第一学期的跨学科主题学习安排在三八节前后、五一假期或校园科技节期间，第二学期安排在国庆节、秋季校运会或元旦期间。因为这些时间都属于学期中，方便知识的前后联系、学以致用和检验掌握情况；都在一个小长假中，学生心思较散，活动可以巧妙收心，也有较充足的时间开展活动；结合教学进程和时节设置，把生活世界和科学世界紧密融合；和某校园文化建设结合一起，方便统筹规划和学生管理；等等。其实教师也可以把本学期某个真实性任务进行修改，变成跨学科主题活动。

下列案例中的活动目标是指同时完成初阶、中阶和高阶活动后预期达到的标准，如果只是完成某一项活动，就只需达到活动目标里面对应的一部分即可。

活动案例

一、认识全球

主题一　地球的宇宙环境

【真实性任务】

自远古时代起，人类就对浩瀚的宇宙有着无尽的想象，对探索太空有着不懈的追求。20世纪以来，随着科学技术的进步，人类借助各类观测工具、航天器等，逐渐揭开了宇宙神秘面纱的一角，也激发了人类走向太空的兴趣和勇气。在许多人心里都有个疑问：“宇宙中还有其他地外生命吗？”请查找资料，撰写辩论稿，开展主题辩论赛。

单元一　地球在宇宙中

活动目标：说出人类认识地球形状的过程；认识地球的结构和宇宙环境，初步建立科学的宇宙观；感悟地球是人类唯一的家园，初步形成尊重和保护自然的观念；树立求真务实、勇于创新的科学精神。

初阶活动：查找资料，绘制“人类对地球形状的认识过程”的手抄报。

中阶活动：查找资料，利用简易材料，制作：太阳系模型；地球内部结构模型（注意地壳、地幔、地核的厚度比例）。

高阶活动：

1. 模拟实验：用有弧度的物体（如球面、伞面）和小纸船，模拟海边看船驶近和驶远，观察船体和桅杆的出现和消失的前后顺序，说明地球的形状。

2. 分享会：人类认识地球的科学故事和史实记载。

单元二　太空探索

活动目标：说出太空探索的进展与意义；学会使用星空观察工具，并描述观测到的星体和宇宙；培养探索宇宙和对未知世界的好奇心。

初阶活动：查找资料，绘制“人类探索太空”的手抄报。

中阶活动：查找资料，利用简易材料制作航天模型或空间站模型。

高阶活动：用肉眼、简易天文望远镜或借助星空软件观察星空，并描述观测到的宇宙环境。

主题二　地球的运动

【真实性任务】

智能化路灯是一种新型自动化照明设施，它利用太阳能实现路灯的天然供电，并根据日出日落带来的光线强弱变化，自行调节路灯的开启与关闭，它比传统路灯更加节能、环保。近年来，智能化路灯在全国各大城市的道路建设中被广泛应用。结合地球运动的知识，给家乡的县（市）长写封信，建议在家乡的交通要道安装智能化路灯，改变目前路灯统一开关的现状，并阐明理由。

单元一　地球仪与经纬网

活动目标：说明经纬网的特点和意义，形成对世界的初步认识；学会利用地理工具对现实中的地理事象进行定位，初步建立地理空间概念；结合具体事例，表达时差的存在及影响，提高解释地理现象的能力；提出真实问题的解决方案，培养逻辑推理能力和解决问题的能力。

初阶活动：在球形物体上精准绘画经纬网（包括赤道、南北回归线和南北极圈）。

中阶活动：利用简易材料，制作地球仪或经纬网仪。

高阶活动：探究时差的存在及时差对国际交往的影响，提出解决时差影响的方案，撰写研究报告。

单元二　地球的运动

活动目标：解释地球的运动、地球五带、太阳高度角等重要概念；培养学生的空间感、科学探究精神；学会运用日常工具和观察自然现象，拓展认知渠道；树立尊重自然、顺应自然的观念。

初阶活动：

1. 精准绘画地球公转示意图。

2. 精准绘画两分两至日的太阳光照图。

中阶活动：利用简易材料，制作日晷仪；制作三球仪。

高阶活动：

1. 运用模型或软件，模拟地球的运动，结合身边实例，证明地球是运动的，在班上演示汇报。

2. 运用手电筒等工具，探究太阳照射角度与地面所获光热的关系，解释太阳高度角及其影响。

主题三　地球的表层

单元一　陆地与海洋

【真实性任务】

火山、地震是地球上主要的自然灾害，爆发产生的巨大破坏力，给人类带来严重危害。使用简易材料，自制六大板块模型，并查找资料，运用它演示板块的运动，解释火山、地震的产生和山脉、裂谷等的形成。

活动目标：描述全球海陆分布状况，树立科学的世界观；解释世界处于不断的运动变化之中；说出火山、地震带的分布与板块运动的关系；提升海洋意识和科学探究意识。

初阶活动：

1. 画世界海陆分布图。
2. 画六大板块分布图。

中阶活动：用简易材料，制作六大板块拼图；制作海陆主要地形模型。

高阶活动：

1. 查找资料，说明你的家乡是否有火山、地震。
2. 寻找证据，证明海洋和陆地处于不断的运动变化中。

单元二　天气与气候

【真实性任务】

天气与气候对人们的户外体育运动产生重要影响。气温、降水、风等气象要素都可能影响体育运动的开展时间、场地选择、活动过程和体育成绩。你家乡的中学计划举办为期两周的体育节，开展跑步、篮球、足球、羽毛球等户外体育活动。请你根据当地的天气和气候条件，选择适合举办体育节的时间段，并拟定一份备忘录，说明户外活动的注意事项。

活动目标：学会看天气图和气候直方图；学会使用一些气象工具和手机气象APP；说明全球气候分布和气候变化对人类的影响；增强国际理解能力和人类命运共同体意识。

初阶活动：查找家乡的气候资料，绘制多年平均气温曲线图和年降水量柱状图。

中阶活动：利用简易材料，制作活动式世界气候类型演示教具。

高阶活动：

1. 参观东莞市气象局，认识并学会操作一些气象仪器。

2. 模拟各国代表在“联合国世界气候变化大会”上的发言，拟定联合声明。

单元三　人文环境

【真实性任务】

据世界相关机构与组织预测，到2030年，全球将有三分之二的人口居住在城市里。“未来城市”承载了无数人对于今后生活环境的想象与期待！通过网络查询和实地考察等，搜集未来城市特点及居住方式的变化等资料，结合世界城市设计的理念、你对未来城市的理解和愿景，设计并绘制出“我心中的未来城市”图，并撰写设计说明。

活动目标：了解家乡的城乡分布，培养热爱家乡的情感；说出我国古人在适应自然、利用自然、改造自然方面的成就，初步形成人地协调观；描述丰富多彩的世界文化，树立尊重和保护世界文化多样性的意识。

初阶活动：查找资料，绘制家乡的城乡规划图。

中阶活动：设计并制作世界某民族或中国某民族的民居模型。

高阶活动：

1. 家乡文化交流会：调查和搜集家乡居住地的老城区选址、民居特色，居住环境、风俗民情等资料，在班上交流和展示。

2. 世界文化交流会：挑选某人种中的有特色的民族，搜集反映该民族文化特色的图文、视频等资料，进行角色扮演，在班上交流和展示。

跨学科主题活动一：认识和美化校园环境

【真实性任务】

时光荏苒，距离你怀着激动、欣喜的心情踏进中学校园的第一天，已经过去快一个月了。校园里的一草一木，一砖一瓦，你都认识了吗？让我们运用校园平面图，来考考你对校园的熟悉程度，还需要你开展校园调查和访谈，了解校园环境存在的问题，提出改进方案，让我们一起努力，使我们的校园更加美丽。

学习目标：

在校内的真实环境中，小组合作，运用地理、数学、劳动、美术等学科知识，了解校园功能布局，快速融入校园生活，并尝试针对师生需求及校园实际情况，合理规划校园环境，美化学习环境。增强爱校情感，提升合作能力、综合思维、人地协调观等核心素养。

任务一：开展校园定点打卡　　　　　　**完成时间：**9 月底的某个下午

活动：

1. 在没有比例尺、图例和注记的校园平面图上标注不同数字，每个小组抽取 4 个数字。

2. 按照抽取的数字顺序，依次在校园内找到对应的四个地点，找到该点工作人员，在任务单上盖上印章。

3. 测量这四个地点的长宽，标注在校园平面图上，算出比例尺。把四个地点的名称（如校医室、体育器材室、羽毛球场、教务处、食堂、心理室、多功能报告厅、阅读角等）填写到校园平面图上。

4. 对比各小组计算出的比例尺，看哪个小组的最准确。

5. 把各小组找到的地点名称全部汇总，填写到校园平面图上，把地图的三要素补充完整。

任务二：进行校园环境调查　　　　　　**完成时间：**10 月 5 日前完成

活动：

1. 在完善后的校园平面图上，将校园按功能区划分为若干块，每个小组抽取一块。

2. 小组实地考察所抽取块区的美化现状，根据考察情况，设计调查问卷和访谈提纲。

3. 询问老师和同学们，调查该区存在的环境问题并收集各种美化建议。

任务三：完成校园美化方案　　　　　　**完成时间：**10 月 10 日前完成

活动：

1. 各小组分别对调查结果进行整理与分析。

2. 提出可行性的整改和美化方案，用文字、图画、照片、视频等形式呈现美化校园的方案。

3. 各小组绘制一幅整改和美化后的校园平面局部图。

任务四：举办展示交流会　　　　　　**完成时间：**10 月 15 日前完成

活动：

1. 利用班会或活动课，各小组展示活动成果。

2. 小组之间交流、补充，形成最终的美化方案。
3. 绘制美化后的校园平面整体效果图。
4. 递交给学校相关负责人。

二、认识区域

主题四　认识世界

单元一　认识大洲

【真实性任务】

“我们亚洲，山是高昂的头；我们亚洲，河像热血流；我们亚洲，树都根连根；我们亚洲，云也手握手。莽原缠玉带，田野织彩绸。亚洲风乍起，亚洲雄风震天吼。”这是1990年在北京市举办的第11届亚运会的宣传曲《亚洲雄风》。挑选你喜欢的、欢快奔放的一首曲子，为它重新填写歌词，要求包含丰富的亚洲地理知识，并体现体育精神和符合运动会气氛。在班上演唱。

活动目标：描述亚洲的位置、范围和主要的地理特征，初步掌握描述大洲地理位置的方法；分析知识间的逻辑关系，初步掌握描认识区域的基本方法。

初阶活动：绘制“亚洲的地理概况”（或挑选一个你感兴趣的大洲）的思维导图。

中阶活动：制作介绍某大洲的地理名片。

高阶活动：制作某大洲的讲课课件，并用20—30分钟“我做小老师”介绍某大洲。

单元二　认识地区

【真实性任务】

挑选世界上的主要地区，查找资料，找出代表该地区的地理符号，如美食美景、代表建筑、歌舞服饰、名人名企、物质和非物质文化遗产等。制作地区特色推介卡片，做成一副创意扑克牌，运用它进行表演和交流。

活动目标：说明世界不同地区自然环境的差异性、文化的多样性；说出开展极地科学考察和保护极地环境的重要性；简要分析地区因地制宜发展经济的途径，理解人与自然、人与社会的关系；培养对地理问题的好奇心，初步具备一定的全球视野和社会责任感。

初阶活动：

1. 绘制东南亚的河流和城市分布图。
2. 绘制波斯湾石油外运航线图。
3. 绘制欧洲西部旅游景点分布图或环境地图。
4. 绘制非洲气候分布图。
5. 绘制一张极地环境保护的手抄报。

中阶活动：

1. 制作中南半岛的地形和河流模型。
2. 设计一件阿拉伯传统服装。
3. 制作一份西餐。
4. 制作一个非洲特色工艺品（或学一段非洲舞蹈）。
5. 设计南极科考站的建筑并制作模型。

高阶活动：

1. 设计东南亚旅游的线路，制作一份研学游方案（或调查你家华侨的乔迁原因、经历事件、发展历程等）。
2. 探究与实验：获取“沙漠”中的水。
3. 探究与实验：光、热、水对牧草生长的影响。
4. 情景剧：选非洲的某个地区，写剧本“一方水土一方人”，分角色表演并分享感受。
5. 探究：为我国新的南极考察站选址。

单元三 认识国家

【真实性任务】

适宜的气候是人类和一切生物赖以生存发展的基础。然而，人类的不合理活动对全球气候产生了巨大影响，严重威胁着地球的生态环境。全球气候正在发生怎样的变化呢？世界各国应该如何应对全球气候变化？分小组选择不同国家，模拟举行“联合国气候变化大会”，发布联合声明，编制《低碳生活指南》。

活动目标：说明世界不同国家自然环境的差异性、文化的多样性；说明当前全球气候变化及其原因，认识到人类应对气候变化的重要意义；简要分析某国家在资源开发、环境保护、经济发展等方面的经验和教训，解释人地关系；说出本国与其他国家在经济或社会等方面的联系及其意义，解释不同文化和贸易关系；简要分析国家因地制宜发展经济的途径，增强人地协调观与人类命运共同体意识。

初阶活动：

1. 绘制日本的地形图。
2. 绘制俄罗斯的铁路、管道分布图。
3. 绘制印度的气候直方图和盛行风向图。
4. 绘制澳大利亚地形图。
5. 绘制美国农业带的分布图。
6. 绘制巴西在拉丁美洲的位置图。

中阶活动：

1. 设计一件具有日本特色的文创产品。
2. 设计一套中国风的套娃。
3. 制作一件印度服饰。
4. 制作澳大利亚地形模型。
5. 制作美国地形模型。
6. 制作巴西的地形模型。

高阶活动：

1. 调查身边的日本工业品，对比其他国产品，分析各自特点及成因。
2. 设计一份俄罗斯投资企划案，阐述理由。
3. 模拟实验：季风的形成或海陆热力差异，完成实验报告。
4. 探究：我去澳大利亚做农场主（如何处理澳大利亚的野兔入侵或山火频发事件）。
5. 探究：美国的种族问题（或枪支问题、社会福利等）。
6. 探究与实验：热带雨林的环境效益。

跨学科主题活动二：模拟国际贸易博览会

【真实性任务】

国际贸易博览会不仅是国际商品交易的平台，更是促进国际交流与合作的平台。在博览会上，通过产品展示、演示和讲解，大力推广本国的优势资源、特色产业和产品等，吸引众多观众和投资者的目光，与来自世界各地的企业建立联系，为未来的贸易合作奠定基础。请你选择一至两个国家，查找相关资料，设计展板和广告语，模拟商品和投资项目推介、合作交流等贸易活动，举办一场模拟国际贸易博览会。

学习目标：

通过查阅资料，说明某国的自然环境和社会经济环境特点，认识到自然环境与社会经济环境的相互影响；通过展位设计，宣传推广，模拟举办“国际贸易博览会”，综合运用地理、语文、物理、美术等学科知识；说明国际关系对区域经济发展的意义，增强国际理解力与经济全球化意识，提升合作能力、综合思维、人地协调观等核心素养。

任务一：搜集资料 准备参会 **完成时间：**4 月 25 日前

活动：

1. 查询历届各地举办的“国际贸易博览会”，了解其举办的目的、流程、方式和方法等。

2. 在全球范围内，选择一至两个国家，查找该国的自然环境和社会经济环境，特别是优势资源、特色产业、代表产品等资料。

3. 确定参加“国际贸易博览会”的主推产品或投资项目等，拍摄和挑选展示图片或视频，设计产品手册、宣传海报或广告语等。

任务二：布置展位 突出风格 **完成时间：**4 月 25 日—30 日

活动：

1. 将参展商品进行分类，统一设计布局，营造宣传声势。

2. 将展区进行分块，合理规划，错落有致地布置展品，注意陈列位置、展示方式、展示数量等，尽量美观又吸引眼球。

3. 利用色彩、照明、音响、商品堆放造型、工作人员服饰与礼仪等手法，创造特殊视觉、听觉、嗅觉等感觉效果，突出展位风格。

任务三：模拟会议 合作交流 **完成时间：**5 月 1 日—5 月 4 日

活动：

1. 小组分工，熟悉自己的职责。可设置现场接待员，负责派发产品手册等资料；产品解说员，负责展示、演示和讲解产品，宣传推广企业文化和品牌；现场招揽员，负责组织现场活动（吆喝、抽奖、游戏等），吸引现场客户注意；客户联络员，负责与客户沟通，了解客户需求与反馈，获取用户信息，与客户建立良好关系，为后续合作奠定基础；等等。

2. 现场展示，积极对话互动，交流合作。形成合作与贸易意向，签订合作意向书。

3. 多元评价，评出“最佳展位”“最优解说员”“最强客户经理”“最牛营销创意”等奖项。

主题五　认识中国全貌

单元一　认识中国概况

【真实性任务】

中国幅员辽阔，疆域广大，古往今来都非常重视对国家进行分级管理。如今，34个省级行政区共同组成中华人民共和国这个大家庭。分组查找资料，制作中国省级行政区地理名片，包括轮廓、范围、简称、行政中心、典型的地理事物和环境特征等内容，并运用卡片进行展示交流。

活动目标：说出中国省级行政区域概况及其典型地理事物；规范使用标准地图，提升国家版图意识和海洋权益意识，增强热爱祖国的情感。

初阶活动：

1. 绘制中国的疆域图及邻国地图。
2. 绘制某省区的创意地图或创意地名。

中阶活动：制作中国省级行政区拼图，举办拼图比赛。

高阶活动：

1. 探究各省区名称和简称的来由。
2. 收集中国地图的常见易错点，规范使用中国标准地图。

单元二　认识中国的人口和民族

【真实性任务】

人口发展对我国的政治、经济、社会产生着深远影响。家族人口行为关联着国家的发展变化、新一代年轻人的观念改变等现象。关注国家的人口发展先从关注家族的人口组成与变化开始。请查阅资料，收集本家族近三代的人口组成及变化等资料，参照“中国人口报告”的写法，写一份调查报告。

活动目标：说出中国人口和民族的基本特征和变化情况；说明中国的人口国策和民族政策；树立中华民族多元一体的观念。

初阶活动：制作一幅有关中国人口或民族的手抄报。

中阶活动：

1. 制作一件民族乐器或饰品等。
2. 学一段民族歌舞。

高阶活动：从民族的歌舞风格、饮食文化、建筑特点、服饰礼仪、传统节日等中挑选一个议题，探究它与自然环境的关联，写一篇地理小论文。

单元三　认识中国的地形和地势

【真实性任务】

一个民族在长期的共同生产实践和社会生活中，顺应当地的自然环境，会自发地逐渐形成各种的风俗民情。查找资料，从家乡的衣食住行中，寻找地形对家乡人们活动影响的典型事例，在班上展示、交流。

活动目标：说明中国的地形特点；说出地形对民俗形成的影响，树立人地协调观念；了解家乡，热爱家乡。

初阶活动：绘制中国地形图（包括主要地形区和山脉）。

中阶活动：用简易材料制作中国地形模型。

高阶活动：探究民俗与地形的关系。

单元四　认识中国的气候和气象

【真实性任务】

一颗颗晶莹饱满的葡萄怎么才能变成色泽鲜亮、绵软香甜的葡萄干？制作葡萄干的最佳天气是怎样的？挑选哪里产的葡萄甜度更高？请从超市采购尽量多品种的、不同产地的葡萄回来，尝试把它们制作成葡萄干，探究葡萄干的制作方法和甜度差异。写一份研究报告。

活动目标：说明中国气候的特征及其影响因素；分析气候对人们生产生活的影响；感受中国在改造自然中体现的民族精神。

初阶活动：绘制中国气候（或气温、降水量、温度带、干湿区等）分布图。

中阶活动：制作葡萄干并拍照记录其变化。

高阶活动：探究葡萄干甜度与气候的关系。

单元五　认识中国的河流和湖泊

【真实性任务】

黄河既是中华民族的母亲河、生命河，也是一条桀骜难驯的忧患河。黄河的忧患一直牵动着每一个中国人的心。治理黄河的关键在治沙。设计实验，探究土质、植被、坡度和降水强度等因素对水土流失的影响，做好实验记录，写一篇实验报告。

活动目标：说出河流水文特征对流域社会经济发展和人们生活的影响；说明在开发利用河流中存在的问题，提出保护措施和合理建议。

初阶活动：绘制长江和黄河流域水系图。

中阶活动：制作黄河下游“地上河”的模型。

高阶活动：调查家乡河流的水文特征及对家乡的影响（或设计实验，探究坡度对河流流速、含沙量、宽度和弯度等的影响）。

单元六　认识中国的自然灾害

【真实性任务】

中国是一个自然灾害频发的国家，自然灾害的种类多，频次高，损失大，各种灾害时空分布不均。请查找资料，制作一张中国救灾物资库分布图，并撰写规划思路说明。

活动目标：描述我国主要自然灾害分类、分布、成因和危害；掌握一定的气象或地质灾害安全防护技能，增强防灾减灾意识。

初阶活动：

1. 绘制中国主要灾害分布图。
2. 制作防灾减灾手抄报。

中阶活动：

1. 设计一个“防灾减灾日”标志。
2. 制作一个逃生应急包，包括逃生物品。

高阶活动：

1. 在社区开展一次防灾减灾宣传活动。
2. 校园安全演练：地震（或台风等）来了！

单元七　认识中国的自然资源

【真实性任务】

自然资源是造物主给人类的珍贵馈赠，任何自然资源，哪怕是可再生资源，都不是取之不尽用之不竭的。查找资料，为今年的“中国土地日”或“中国水周”设计主题和宣传口号，并绘制一幅宣传画。

活动目标：说出我国自然资源的特征及其与生产生活的关系，说明自然资源的重要意义；树立科学的资源观。

初阶活动：

1. 选择一种自然资源，绘制地理环保漫画。
2. 设计节水标志等。

中阶活动：用废弃物品制作地理环保小饰品。

高阶活动：

1. 调查家庭垃圾的构成、处理等，学习垃圾分类。
2. 调查校园中自然资源及其运用。

单元八 认识中国的海洋环境

【真实性任务】

海洋是生命的摇篮，蕴含着丰富的资源。我国海洋国土辽阔，海洋资源种类繁多。发展海洋经济，保护海洋生态环境，建设海洋强国，是我国重要的战略举措。查找资料，策划一个海洋环境保护的科普活动，在社区或学校进行展示。

活动目标：说出我国海洋资源的主要类型和分布特征；说明海洋对人类生产生活的影响，切实感受海洋环境保护的重要性，理解保护我国海洋资源的意义，提升社会责任感和社会参与意识。

初阶活动：绘制保护海洋环境宣传海报或手册。

中阶活动：制作微景海洋生态模型。

高阶活动：

1. 参观长安镇滨海湾新区，实地考察海洋资源及其合理开发。
2. 开展师生海洋资源与环境问题调查，提出行之有效的保护措施，形成一篇调查报告。

单元九 认识中国的经济

【真实性任务】

经济是一个国家的民生之本，更是发展之本。它可以大到关联一个国家的兴衰，也可以小到一个家庭、一个个体的财产管理。挑选一个省区，查找资料，说明该区域的特色农产品和工业产品，为其撰写产品简介，制作一个特色产品贸易网站，并设计将各特产运输到你所居住地的合理方案。

活动目标：描述我国农业、工业的分布特征及其影响因素，树立因地制宜思想，感受人地和谐之美；感受我国经济发展的巨大成就，提升家国情怀和社会责任感；说明高速公路与高速铁路的快速发展对人们生产生活的影响，解释交通与区域发展的关系。

初阶活动：

1. 绘制中国农产品主要产区分布图。
2. 选一件家中的工业产品，绘制详细的“追根溯源”图。
3. 绘制中国主要铁路和枢纽分布图。

中阶活动：

1. 制作一个与农业生产有关的短视频。
2. 设计一件地理元素的工业文创产品。
3. 用简易材料制作一个可变化的中国主要铁路和枢纽模型。

高阶活动：

1. 到田间或畜牧场等劳动一周，写一篇体验报告。
2. 探讨 21 世纪谁来养活中国，并形成报告。
3. 参观长安镇旧照片展和改革开放工业产品展，了解长安镇的发展历程。
4. 调查家乡某企业或作坊的发展状况。
5. 模拟学者论证会：为家乡（或感兴趣的区域）规划其交通线路分布并进行论证。

跨学科主题活动三：制作“喜迎新春”短视频

【真实性任务】

百节年为首，四季春为先。春节既是中国最重要的传统节日，又反映自然时空的新旧交换。春节，你的家乡有什么除旧布新、祈福纳祥、感念先恩、阖家团圆的祭祀仪式和欢庆活动？调查和收集家乡的春节习俗，尝试分析其成因，并拍摄一个 5 分钟左右的“喜迎春节”的短视频，发布推广。

学习目标：

说出家乡的春节习俗，感受中国的传统文化；说明文化与自然环境的关联，说明春节习俗的丰富内涵，感悟人地和谐发展之美，坚定文化自信；尊重和热爱中华优秀传统文化，培养家国情怀。

任务一：收集素材 感受传统　　　　**完成时间：**1 月 1 日—3 日

活动：

1. 搜集春节的来由、民间故事、谚语和古诗词等图文与视频资料，结合地理知识解释其含义。

2. 调查你所在的地区有哪些春节习俗，说出里面蕴含的地理知识。

3. 访谈不同的长辈，记录他们谈小时候过年的故事和感受，并录下访谈过程。特别调查那些消失了和新增加的习俗，分析其原因。

任务二： 整理素材 形成初稿 **完成时间：** 1 月 4 日—6 日

活动：

1. 对收集来的素材进行分类，为每一类素材设计和绘制一幅匹配的插画。作为短视频每个部分的导入页面。

2. 把收集的图文、视频、绘制的插画等制作成一个完整、生动的讲解课件，撰写解说文稿或编写故事。形式可多种多样。

3. 录制“喜迎春节”的短视频初稿。注意讲解课件和解说词完美结合。

任务三： 美化作品 发布推广 **完成时间：** 寒假前夕

活动：

1. 制作片头、片尾的小动画，加入短视频中。

2. 为短视频添加背景音乐和字幕。

3. 给画面和视频添加过渡特效、对音频进行降噪处理等，形成短视频终稿。

4. 把短视频发布在朋友圈或其他视频平台，进行合理推广，获取流量。

主题六 认识中国分区

单元一 认识四大区域

【真实性任务】

“你在南方的艳阳里，大雪纷飞；我在北方的寒夜里，四季如春。”你是怎么理解《南山南》这句歌词的？这里蕴含着冬季城镇集中供暖的知识。目前我国大致以秦岭—淮河一线为冬季集中供暖区域的分界线。有人认为应将这条界线向南移动，也有人反对。结合本单元所学和查询相关资料，开展辩论赛：中国集中供暖分界线应该在哪里？

活动目标： 尝试根据不同标准划分区域，掌握图层叠加的方法；说出我国四大地理区域及其分界线；说明秦岭—淮河等重要自然地理界线在地理分区中的意义；归纳区域特征，对比区域差异，树立因地制宜观念。

初阶活动：

1. 绘制中国的四大地理区域分布图。
2. 绘制你心中的中国分区图。

中阶活动：用玻璃或透明薄膜等材料制作中国地形、气候、省级行政区等分布图的图层。

高阶活动：

1. 通过多图层叠加，发现各种区域界线重合情况，找出四大区域的分界线。
2. 角色扮演：我是____人。

单元二　认识不同尺度的区域

【真实性任务】

为记录新时代、书写新时代、讴歌新时代，全国很多地方都在举办短视频、摄影作品征集活动。活动要求选取典型故事或具有特殊历史意义的地点，用小切口折射大主题，用镜头讲身边事，用接地气的叙事方式，讲述家乡日新月异的变化，展示家乡特色优势产业、独特文化传统、深厚历史底蕴和多姿多彩的自然地理风貌，展现人们的获得感、幸福感、安全感。请选取家乡具有特殊意义的人物、地点或故事，录制一个反映家乡变化的短视频。

活动目标：说出家乡的自然地理概况，从时间变化与社会发展的角度感受家乡的变迁；培养对家乡的情感，增强建设家乡的责任感；加深对工农业生产、家乡经济的了解和热爱，把书本知识应用于认识家乡的实践活动中。

初阶活动：

1. 查找资料，绘制家乡地形图（或家乡行政区划图、景点分布图等）。
2. 选取家乡某一典型地理事物，自定主题，绘制一张手抄报。

中阶活动：

1. 制作家乡的地形（或民居等）模型。
2. 制作家乡主要农产品标本。
3. 制作一道家乡的特色美食。

高阶活动：

1. 探究家乡地名中的奥秘。
2. 探究家乡的民居、服饰、饮食、风俗等与自然环境的关联。
3. 参观家乡的某工厂或历史馆、博物馆等（或到一家企业打工一周），写一篇体验报告。

单元三 走进京港澳台

【真实性任务】

京港澳台是我国较为特殊的四大省级行政区。每年，北京的一些学校都会迎来一些港澳台新生，在迎新交流营上，四地新生进行文化表演和交流活动，展示各自的风采。查找资料，制作京港澳台的特色地域文化名片，在开营仪式上展示。

活动目标：说明京港澳台的自然地理特征、历史文化传统和经济建设特点，描述自然环境与人文环境之间的相互关系，科学对待文物古迹；说明港澳与内地经济发展的相互促进作用；说明台湾自古以来就是中国不可分割的领土以及海峡两岸融合发展的意义，培养爱国主义精神。

初阶活动：

1. 绘制北京名胜古迹分布图。
2. 参考香港的家居设计，绘制小居室家装布置图。
3. 以“中国神圣领土——台湾”为主题绘制一张手抄报。

中阶活动：

1. 制作北京四合院（或兰屿地下屋、台湾等高线）模型。
2. 制作一个一物多用的家具模型（或大三巴牌坊模型）。
3. 制作台湾等高线模型。

高阶活动：

1. 探究北京四合院与自然环境的关系（或辩论古城风貌拆还是留）。
2. 采访在莞香港人的两地生活。
3. 情景剧：乡愁（或为台湾与祖国大陆的经贸合作出谋划策）。

跨学科主题活动四：制作乡土研学旅行手册

【真实性任务】

研学旅行是国家积极倡导的综合实践活动，是培养综合素养的主要方式。春暖花开，正是旅行好时节。你和小组成员一起精心策划并开启一场短途研学旅行吧，在旅行中用心感受，认真观察和思考，把旅行收获汇编成研学旅行手册。在班上举办交流展示活动。

学习目标：

获得课外知识，开拓视野，增加对于课本知识理解的广度和深度；提升以不同视角发现问题，用不同学科知识解决问题的能力；锻炼人际交往技能，增强团队合作意识，培养学生文明旅游意识，养成良好的公民素养和社会责任意识。

任务一：精心策划 充分准备　　　　　**完成时间：**3 月 8 日前后

活动：

1. 选择研学旅行主题和内容。在优秀传统文化、革命传统教育、国情教育、国防科工、自然生态等主题中选择自己感兴趣的、融合多学科知识、适宜体验性活动的内容。

2. 确定研学旅行地点和路线。小组综合考虑时间、经费、安全等问题，联系本地的历史文化背景以及自然地理环境特点，优先选择学校附近的研学地点。制定出行线路时，要充分开发沿途研学资源，边走边学。

3. 拟定研学任务单。充分挖掘研学点蕴含的多学科知识，小组讨论研学项目，细分成一个个的子任务，确定研学步骤。

4. 制作研学手册，做好行前准备。研学手册包括当天行程、集合时间与地点、注意事项、研学任务单与记录栏、图画及解读、印象最深刻的人与事、理财、感悟、困惑等栏目。

任务二：研学旅行 观察思考　　　　　**完成时间：**3 月中旬的周末两天

活动：

1. 出发前，检查随身物品（包括手机、地理工具、研学手册、笔、水、备用药品等），明确注意事项和活动具体安排等。

2. 到达研学点后，根据研学任务按步骤操作，边认真做好文字、草图、照片和视频等多种形式的记录。

3. 认真观察，深入思考，填写研学手册的各页。

任务三：整理优化 展示交流　　　　　**完成时间：**研学回来后一周内

活动：

1. 查找资料，完善研学成果，把研学旅行中的发现与各科所学知识紧密联系，形成结论。

2. 优化草图、粘贴标本和典型照片等，添加解读文字。补充完成研学手册的各项内容。

3. 全班展示，交流评价。

模块二　地理绘画类

本书的“地理绘画”指采用手绘方式创作与地理有关的图像产品，将特定地区、特定地理事物、自己独特的思维和创意绘制出来，它具有丰富的科学性、思想性、实用性和艺术性。

通过图画进行交流，已经发展到空前的规模。一切视觉的表达方式正在侵入每一个人的世界，正在渗透进现代生活的各方各面。今天，无论作为工作与娱乐的媒介，还是作为科学研究与社会生产的工具，图像都是主要的形式，发挥着中澳作用。

在初中地理教材中，图像的设置充分考量学生的身心发展特点，教材图像系统中包含大量色彩丰富、种类全面、内容多样、要素准确的地理图像，如各种地图、景观图、示意图、统计图和地理漫画等。研究表明，这些图像比文字更能引发兴趣，而且容易记忆，不易遗忘。形象思维强、抽象思维弱的初中生通过对地理事物生动直观地勾画，实现图文转化，不仅能够加深认识，牢固记忆，提高表达地理事物的能力，还能够激发出爱护自然、爱国、爱家乡的热情。

其中，地图是用来表现地理现象的一种图像，或者说是一种图像式的语言。它不仅给人们提供地理信息，也是人们认识世界的一种方法。地图包含的简洁丰富的信息及其强大的直观可视性，使其成为地理学习的重要内容和重要工具。地图技能是地理素养的关键构成。2022 年版义务教育课程标准强调要将实践活动和地图等工具的运用贯穿始终。在地理学习中，读图析图是基本技能，而学生参与或独立绘制地图是综合素养的培养，是对图中信息的主动读取和对地理知识的主动建构，还涉及语文、数学、美术等多个学科。在绘图过程中，学生手脑并用，注意力高度集中，将大量零碎的知识依次呈现在一幅图上，形成一定的空间联系，有助于提高学生的地图技能、空间视角、综合思维等地理素养。在模块三“地理制作”和模块四“综合实践”的不少活动中都要先绘图，所以，地理绘画是活动课程的基础。

我们开展的地理绘画课程，包括专题地图类、政区地图类、地理漫画类、创意地图类、创意地名类、创意设计类、环境地图类、思维导图类和地理手抄报类等内容。

内容安排

整个地理绘画课程贯穿七年级、八年级阶段，大家大家可以参照“模块一 课堂活动类”中的初阶活动来安排地理绘画，作为个性化的地理随堂作业。注意在七年级第一学期的第一个月要不断培训和规范学生的绘图，老师讲解与示范，学生边听边绘制。还要安排专门的评价课，由师生一起评价学生作品，让学生明确作品的优缺点，及时更正，不断进步。

地理绘画的内容主要选择教材的重难点，涉及地理的核心概念和思维体系，与高中地理衔接紧密，学生又容易出错的内容。这些内容绘画有三种形式：利用本校随堂练习册，在教师的指导下，全班课堂上绘制；各学生轮流在地理课前画黑板略图，师生课堂点评与修改；有兴趣的学生利用周末等假期在家中，用卡纸、彩笔等做出规范美观的作品，统一评选。前两种形式简单易行，面向全体，关注考点的掌握。第三种形式要求较高，面向个体，关注综合素质的培养，需要教师的专门辅导。

图 4　学生课前画亚洲位置图和思维导图

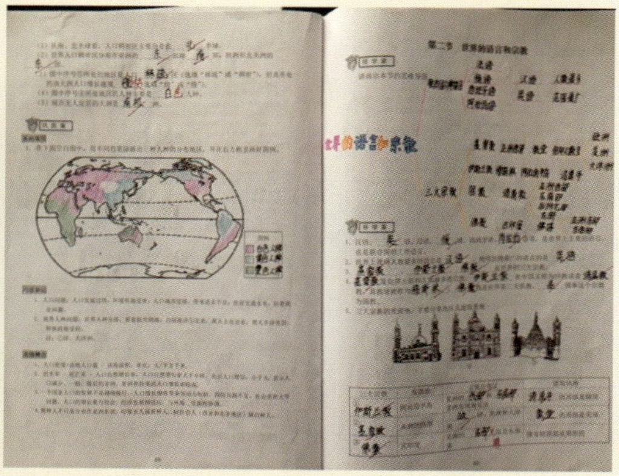

图 5　我校自编随堂练习册中学生的绘图作业

活动步骤

地理绘画活动的基本步骤为：准备活动—动手操作—评价活动，分教师和学生两方面，具体步骤见图 6。

注意事项：教师在绘制样图中，每个步骤要有一幅样图，如嫌麻烦，也可把每个步骤拍照，以方便与学生讲解。

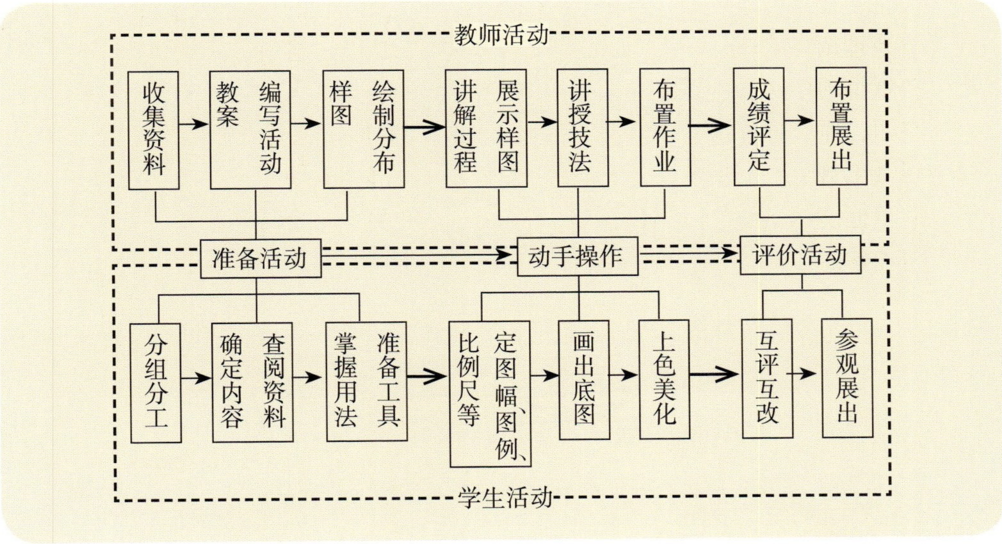

图 6　地理绘画活动流程图

活动案例

一、在球体上画经纬网

【准备工具】

乒乓球（或者波波球、橘子等球形物体）、三夹板（或者一个瓶口直径刚好等于乒乓球直径的瓶子或罐子）、铁丝、油性笔。

【绘画步骤】

1. 取 8 厘米左右的三夹板作底板。在底板的正面中部画如图 7 所示的纬线绘制圈，圆的直径为 4 厘米（即乒乓球的直径），并将圆挖去。底板的反面画上如图 8 所示的经线绘制圈，并按图示在底板正、反面圆周外围写上经纬度。

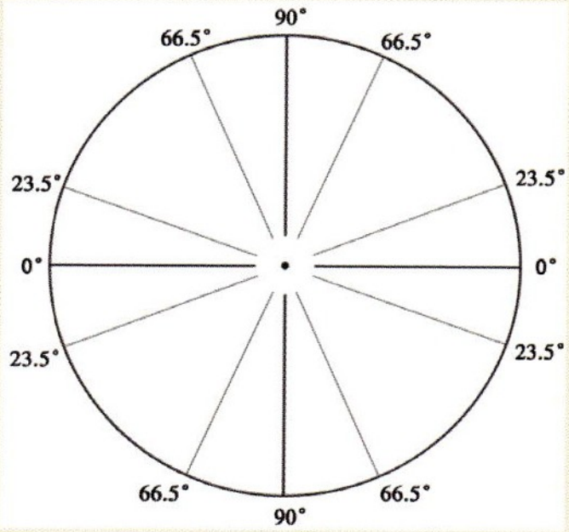

图 7　纬线绘制圈

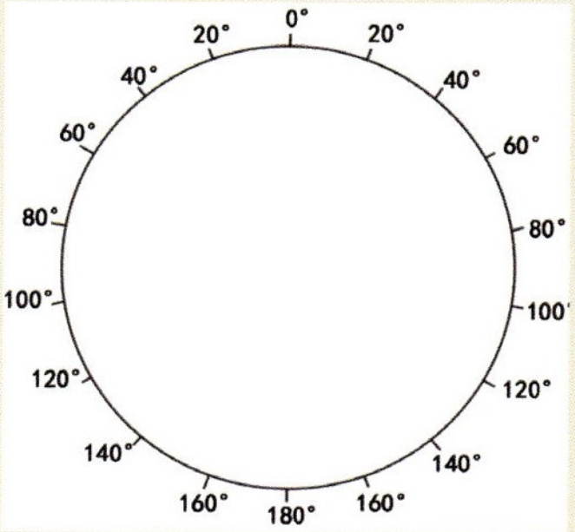

图 8　经线绘制圈

2. 在乒乓球接缝处，用针钻两个对分圆周的小孔，即南、北极点。用长约 6 厘米的细铁丝穿过两个小孔（铁丝就是假想的地轴）。

3. 将乒乓球放入底板的圆孔内，并将铁丝两端分别压放在底板正面纬线绘制圈上南、北极点的位置。用笔尖分别按准 66.5°、23.5°、0° 纬线的刻度固定在乒乓球上，平稳地转动乒乓球，让笔在球上画出以上各条纬线（见图 9）。

4. 用笔沿底板平面在乒乓球上画圆，即绘成两条对应的经线，假设为 0° 和 180° 经线。

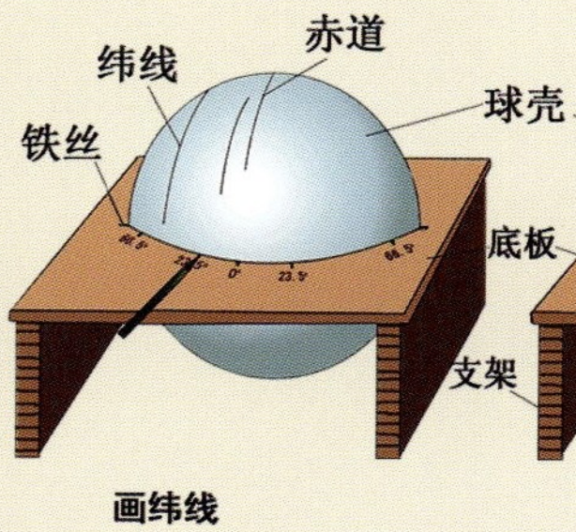

图 9

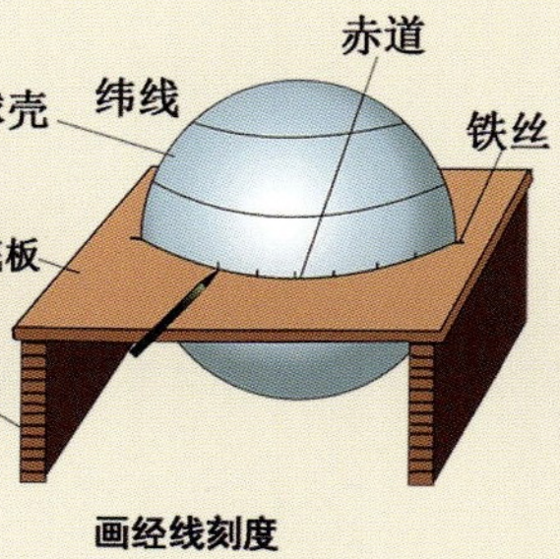

图 10

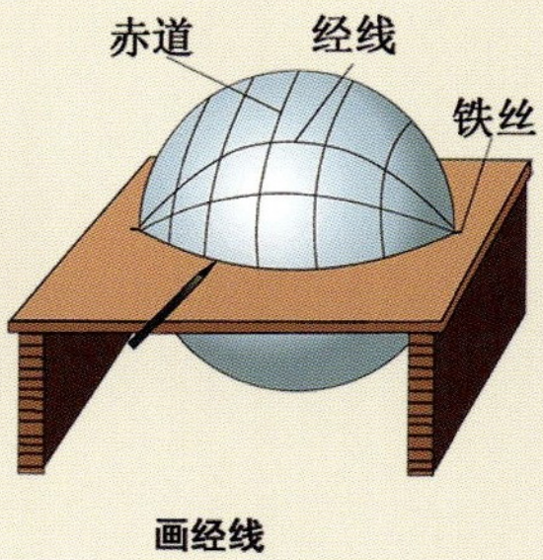

图 11

5. 将乒乓球嵌入底板反面圆孔中，使已画好的赤道正好与底板圆孔平面对齐，0° 和 180° 经线与经线绘制圈上的 0° 和 180° 刻度对齐。在赤道上描出 20°、

40°、60°……各经线的刻度（见图 10）。

6. 将乒乓球两端铁丝分别压放在底板平面上，用笔沿底板平面在乒乓球上按已画好的刻度分别画出 20°、40°、60°……160° 经线（见图 11）。

7. 在乒乓球上标注经纬度。

请在绘制好的乒乓球上标出北京（约北纬 40°、东经 116°）的位置。

【注意事项】

1. 南北两极点定位要准确。底板上挖的圆孔大小和图 3 简易装置的底座即瓶子口大小要与乒乓球直径相等，即 4 厘米。

2. 球面要清洁，每画一条纬线或经线都要待墨干后再画。

3. 画纬线时笔固定一点不动，只转动乒乓球。画经线时，持笔的手动，乒乓球不能动。

4. 经纬线粗细要一致。南北回归线、南北极圈应画成虚线。

5. 标注经纬度时，可将书中的经纬度读数剪下贴在乒乓球相应位置上。

6. 有兴趣的学生，可以再利用这个画好经纬网的球体制作成地球仪。

【想一想】

1. 还可以在哪些物体上绘制经纬网？方法是否一致？

2. 在乒乓球上绘制经纬网还有其他方法吗？

【做一做】

制作简易的地球仪

利用上面画好经纬网的这个球体按以下步骤制作地球仪（另需材料：铁丝、胶布、橡皮泥等）。

1. 如图 12 中①所示，在乒乓球的北极点 a 和南极点 b 处各钻一个小孔。

2. 把铁丝弯成图中②所示的形状，注意倾斜的铁丝要与水平面成 66.5° 角，同时所弯的半圆要比乒乓球略大一些。

3. 把乒乓球用倾斜的铁丝穿起来。

4. 在图③中的倾斜铁丝两头，即 a 和 b 处，用胶布裹几圈，这样可把乒乓球固定在倾斜铁丝的中间，同时又可以自由转动。

5. 在图③中 c 的部位，包上一些橡皮泥，使做好的简易地球仪不会翻倒。

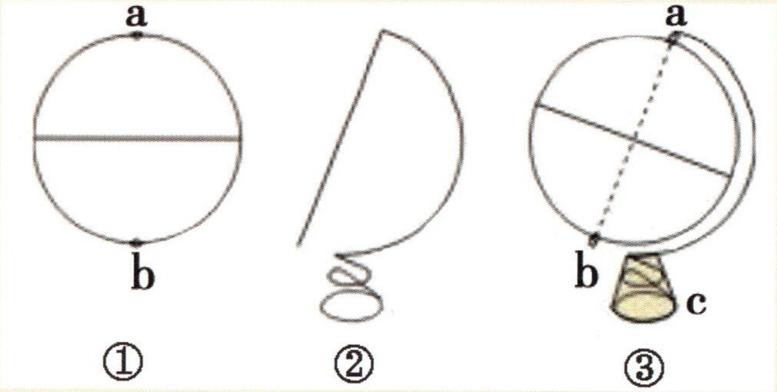

图 12　制作简易地球仪

二、画地球公转示意图

【准备工具】

A4 白纸一张，圆规，直尺，红、蓝、黑色彩笔各一支。

【绘画步骤】

1. 画一条线段 AB，点上 3 个点，正中间为点 O，即 AO=BO，同时 AC=DB ≈ 1/6 AB。

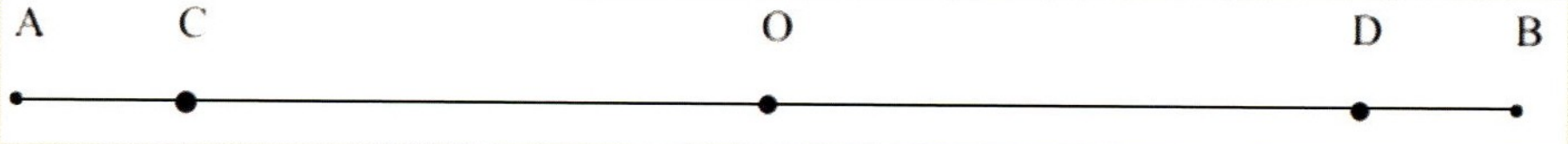

2. 以点 C 和点 D 为圆心，AC、DB 为半径，画两个大圆，表示“地球”，以点 O 为圆心画小圆，表示“太阳”。

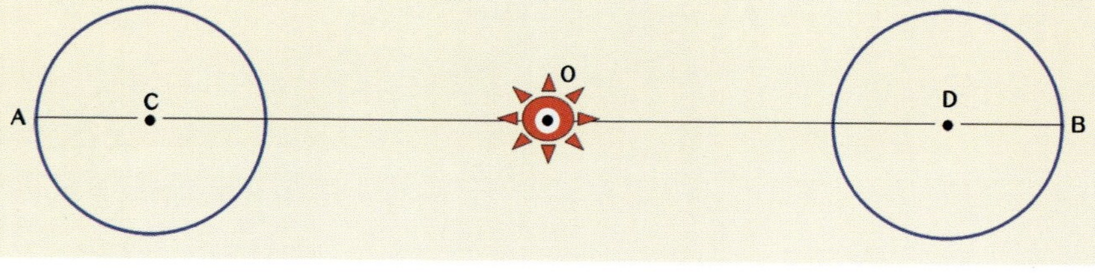

3. 画出太阳的水平光线，并画出昼夜半球分界线——晨昏线，画上阴影表示黑夜。

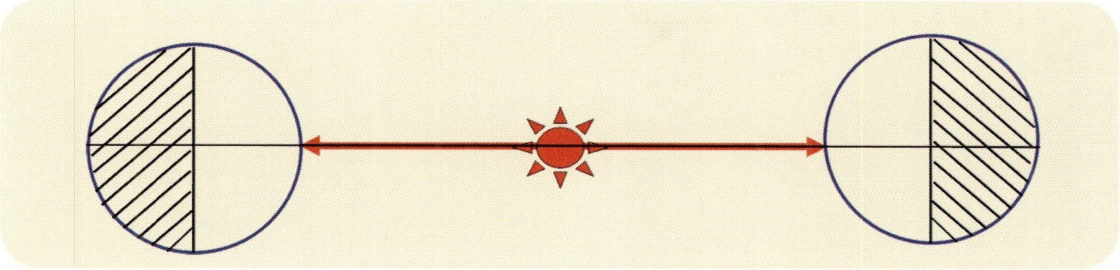

4. 画地轴，倾斜 66.5°，标出自转方向；画赤道，与地轴垂直，标上 0°。

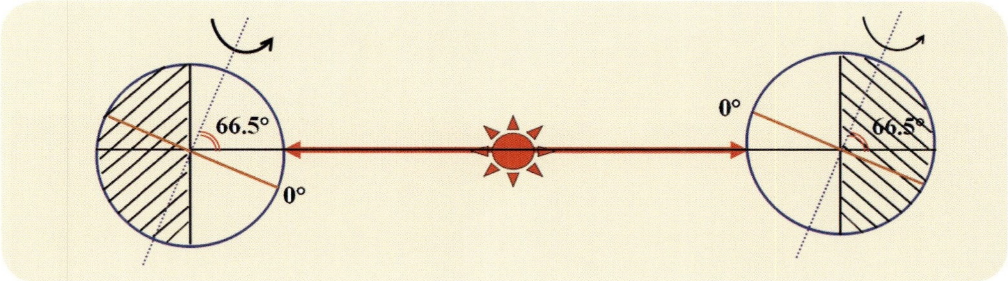

5. 点出太阳直射点 A′ 和 B′，并用虚线描出直射点绕地轴自转的轨迹，即北回归线和南回归线，注意准确的起止位置。

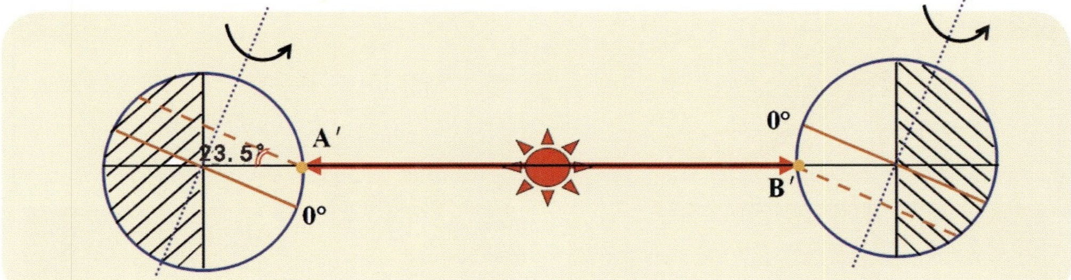

6. 过点 A 和点 B，画一条与赤道平行的虚线，即另外半球的北回归线和南回归线。

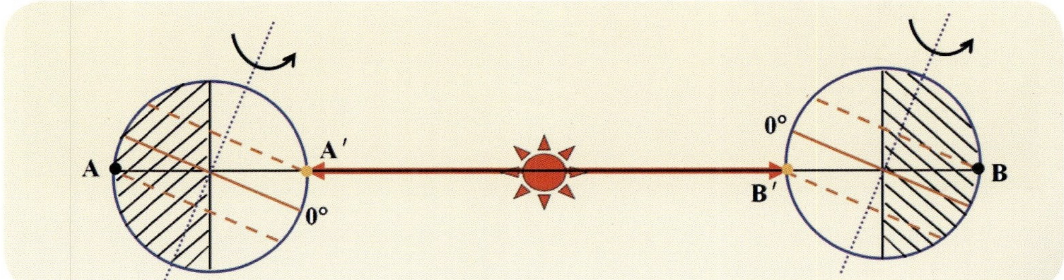

7. 平行于赤道的在左边地球画出晨昏线在地球表面南北两端的交点 E′ 和 E，用虚线沿点 E′ 和 E 作虚线，即北极圈和南极圈，这是极昼、极夜出现的范围。同样在右边地球也画出南北极圈。

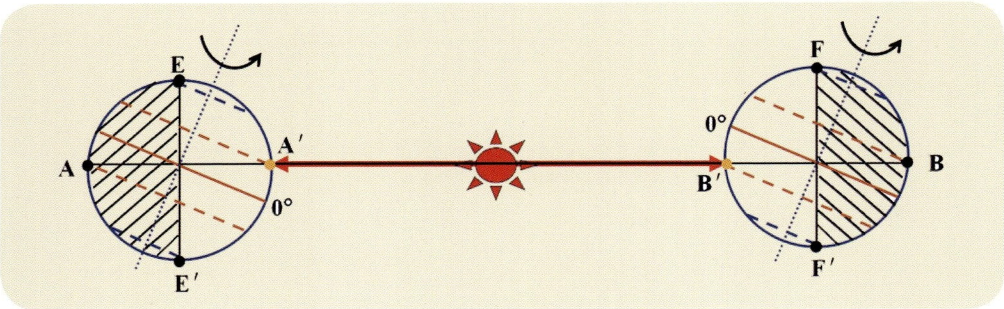

8. 用同样的方法画出地球公转到春分、秋分位置的昼夜图，面对太阳的一侧为昼半球，背对太阳的一侧为夜半球，涂上阴影。

9. 画上公转方向，在四个地球旁边标上对应的日期和节气。

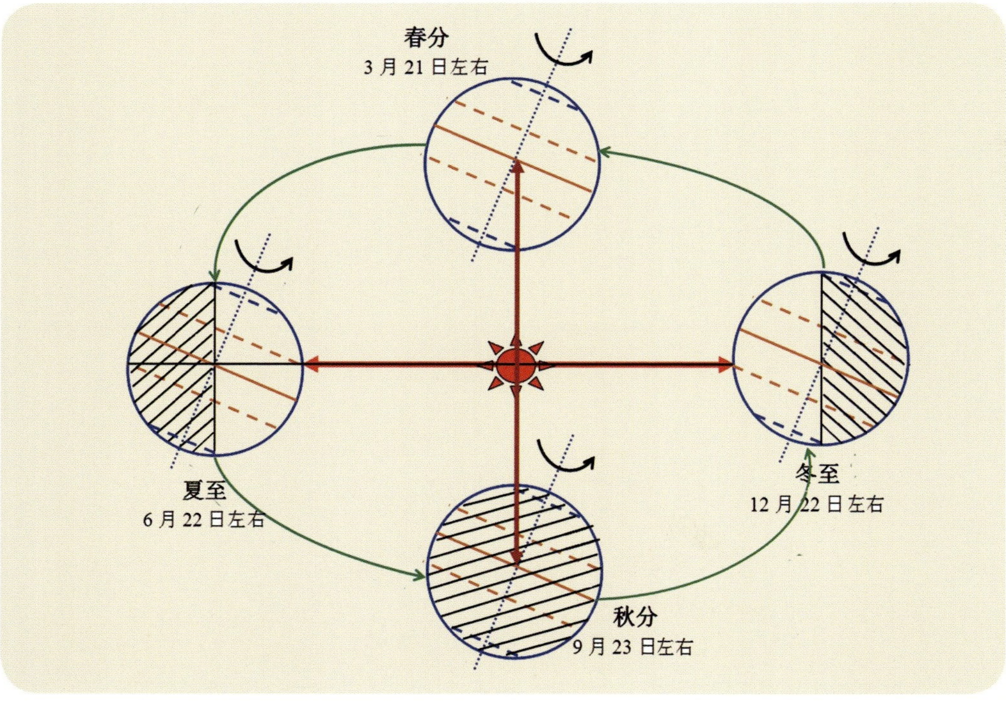

图 13

【练习拓展】

熟悉上述步骤，理解里面蕴含的各种地理概念和地理原理后，在力求准确的基础上，可以增加趣味性，进行美化、创新等。

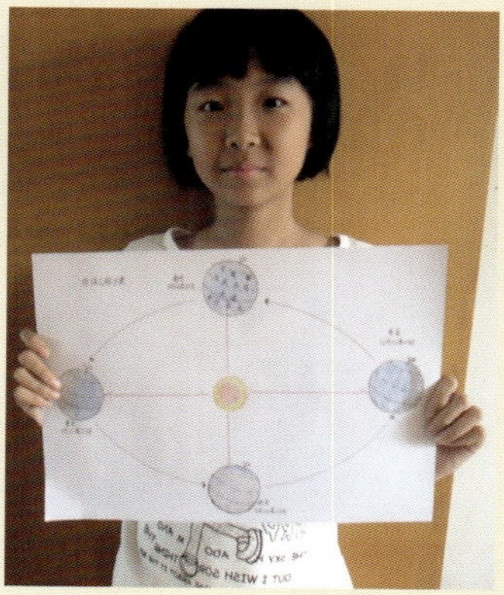

黄丹颖　《地球公转示意图》

三、画简易平面图

【准备工具】

布卷尺、简易指南针、铅笔、A4 图画纸、橡皮。

【绘画步骤】

1. 分组与分工：按每组 4 人分好小组。2 人量距离，1 人用指南针定方向，1 人绘草图兼记录。

2. 画教室平面图的草图（见图 13）。

（1）画一长方形代表教室的长宽。在教室长边的 1/4 处画一横线 AB，把教室分成大小两个长方形。

（2）在小的长方形正中画基线 CD，将小长方形分为两个大小相等的长方形；并以 CD 为基线画出长方形 a 表示为讲台。讲台到黑板的距离大于讲台到第一排课桌前的距离。

（3）在大的长方形中，以 AB 为基线，画上 4 个大小相等的长方形代表第 1 排的 4 张课桌，课桌间的 3 条走廊间距相等。在第 1 排的每张课桌后面各画出数个长方形代表课桌，并留出课桌间的距离。

（4）最后画上教室前后的两扇大门。

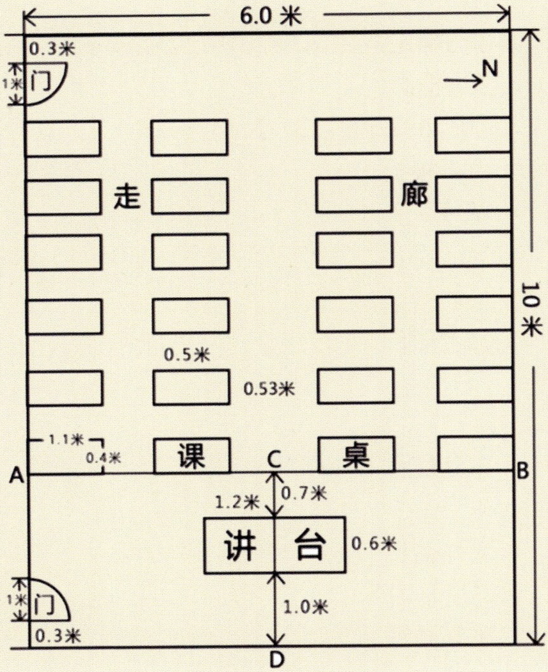

图 13　教室平面示意图

3. 测量方向和距离。

用指南针测量教室的方向，然后在草图上画出指向标。丈量距离时，要求一边测量一边在草图上写好测量的数据。

4. 确定比例尺。

比例尺大小的确定要依图画纸的大小而定。怎样按需要来缩小倍数呢？可用图画纸的长度、宽度扣除适当的边框宽度，分别除以实地的长度和宽度。例：教室长为 10 米，宽为 6 米；A4 图画纸长为 29.7 厘米，宽为 21 厘米；图画纸长扣除边框 4.7 厘米（上下各扣除 2.35 厘米），则：

缩小倍数 = 图上距离 / 实际距离 =（29.7−4.7）厘米 / 1000 厘米 = 1 / 40；　即长度缩小 40 倍。

那么宽度也要缩小 40 倍，设图画纸宽扣除边框 x 厘米，则：

由（21−x）/ 600 =1 / 40 得出 x= 6 厘米；即图画纸宽要扣除边框 6 厘米（左右各扣除 3 厘米）。

5. 完成简易平面图的绘制。

根据实际测量数据和已确定的比例尺，即可绘制教室的简易平面图。

首先把教室的长方形边框画好。教室长 10 米，宽 6 米，长的取值 =1000/ 40 = 25 厘米，宽的取值 =600/ 40 = 15 厘米。画其他部分时，取值方法相同。

在画好教室的边框内，根据讲台的尺寸和讲台与黑板、课桌的距离，画虚线 AB 和 CD。以 CD 为基线，画出讲台。以 AB 为基线，画出第 1 排的课桌及课桌间的走廊。然后在第 1 排课桌的后面画出全部课桌。最后画出教室前后的两扇大门。

6. 在图上画出指向标、图例，注明比例尺，写好图名。

【注意事项】

1. 在用指南针定教室方向时，应注意草图上的地理事物要与教室内的地理事物一致，这样在草图上画出的指向标才正确。
2. 在丈量教室距离时，首先要看清布卷尺上的基本刻度单位。丈量两点间距离时，布卷尺要拉紧。
3. 画图过程中要用铅笔，下笔要轻，以便修改。
4. 为方便计算，扣除边框后的图幅长宽最好是整数。

四、画世界地图

【准备工具】

世界轮廓图、直尺、铅笔、A4 图画纸、橡皮。

【绘画步骤】

第一步：画出赤道、南北回归线、南北极圈、0° 经线、180° 经线。

注意：距离要合适。

第二步：画非洲，轮廓简洁、南北对称。

注意：赤道南北跨纬度大概一致，几内亚湾和索马里半岛大致平行。

第三步：画亚洲，轮廓复杂，多观察，注意顺序。

注意：由西向东，画阿拉伯半岛、印度半岛、中南半岛以及亚洲东部的轮廓。再画北部轮廓。白令海峡在 180° 经线东侧，北部轮廓线在北极圈北部并与之大致平行。

第四步：画欧洲，轮廓复杂，多观察。

注意：欧洲所跨纬度约为非洲一小半，面积约为非洲三分之一；西海岸大致与赤道成 45 度；北部有一段跟赤道平行。0° 经线穿过大不列颠岛东南端、直布罗陀海峡西侧和几内亚湾。

第五步：画大洋洲，注意南回归线的位置。

注意：澳大利亚南段与南非大致平行；东段与堪察加半岛最南段齐平。新西兰最西端紧邻 180° 经线。

第六步：画南北美洲。

注意：佛罗里达半岛接近北回归线；亚马孙河的入海口在赤道附近；火地岛位置比南非、澳洲更南，比白令海峡更东；墨西哥湾平东海纬度；北美面积大于南美。

第七步：画南极洲。

注意：南极半岛与南美洲南段大致相对。

第八步：用橡皮擦擦干净经纬线，进行上色。

注意：颜色要均匀，海洋用蓝色，各大洲用不同颜色区分，注意大洲界线的轮廓与位置。

【注意事项】

1. 要找一个轮廓简洁、清晰的世界轮廓图作为模板。
2. 每次集中力量突破一个洲，画熟练一个洲，再画另一个洲。如果每次从头到尾画一遍，可能画轮廓很久仍然模糊，记忆不准确。
3. 注意通过经纬网来定位。
4. 注意各大洲、大洋的比例和相对位置，特别注意边界至点的位置。
5. 特别注意一些重要的半岛、岛屿、海峡、海域的轮廓和准确位置。

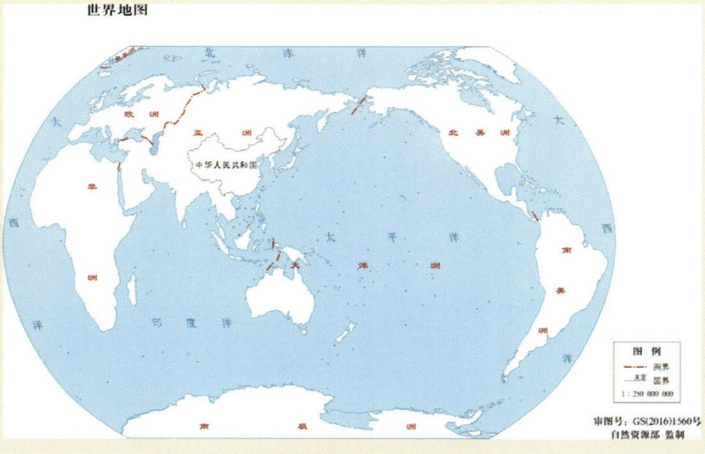

图 14 世界轮廓图

【练习拓展】

1. 画熟悉世界轮廓图后，学生可以在图中添加各种地理内容，如地形区、河流、人口、宗教等，变成各种专题地图。

2. 画上述世界轮廓图较复杂，学生可以画简笔“世界地图”，要求以赤道、南北回归线、南北极圈、20°W 和 160°E 定位画出七大洲和四大洋。在每节地理课前，由各班学生轮流在黑板上画，上课后由老师点评修改或学生互评互改。见下插图。

3. 学生也可以尝试绘画某个大洲或国家的轮廓图及某区域的行政区图、专题地图等。见下插图。

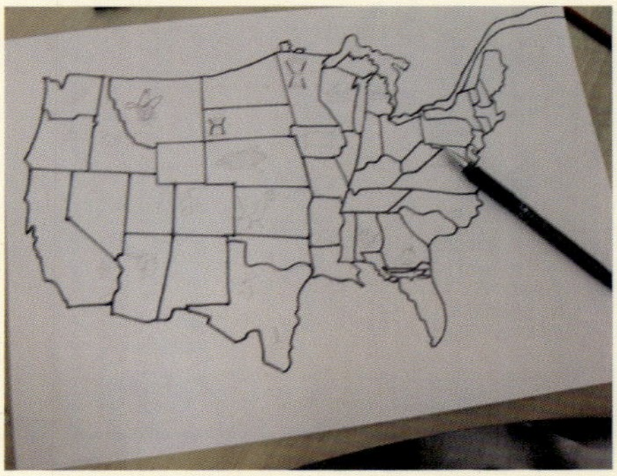

五、画中国轮廓图

【准备工具】

中国轮廓图、直尺、铅笔、A4 图画纸、橡皮。

【绘画步骤】

1. 按长高比约 9 ∶ 7 画一长方形，并将其各边四等分，连接对边相应的点，形成十六个网格。从最西端的帕米尔高原（L 点）开始，顺时针方向依次勾画出中国大陆的轮廓。

2. 地图上的曲线有的地方需特殊记忆。注意以下特点：

（1）新疆最北部的阿尔泰山脉的友谊峰（M 点）和我国最东端的黑龙江与乌苏里江的交汇点（C 点）位于同一高度。

（2）阿克赛钦地区和山东半岛位于同一高度。

（3）最北点、山东半岛、杭州湾和台湾岛基本上位于同一直线上。

（4）A 点处向中心凹进去，且∠ BAM ＞ 90°，AB 与 CE 大致平行。

（5）要舍细节求大势，避免因小失大，影响整体效果。如忽略东南沿海和西南陆疆的凸起和凹陷，用平滑曲线一笔勾勒。对关键部分则着重处理，细致勾勒，如东北和渤海湾。

图 15　中国轮廓绘画示意图（绘画步骤图）

【注意事项】

1. 注意定位要准确，这样画出来的中国才不至于变形。定位的方法可以采用上述网格法，也可以采用点弧法、几何体法等，只要适合自己的都可以。
2. 几个关键部分：“鸡头”部分的呼伦贝尔草原、黑龙江、乌苏里江；“鸡脖子”部分的辽东半岛和山东半岛；“鸡肚子”部分的雷州半岛、云南边界；“鸡尾巴”部分的新疆边界，这些画准确了，轮廓才漂亮。
3. 要多仔细观察，分段展开联想，注意各个端点的相对位置。
4. 多练习，多对比，熟能生巧。
5. 只有轮廓画准确了，才容易往里面添加其他地理事物。例如，长江、黄河、山脉、地形区等。

【练习拓展】

1. 画熟悉中国轮廓图后，学生可以在图中添加各种地理内容，如山脉、地形区、河流、等温线、等降水量线等，变成各种专题地图。

2. 可以在每节地理课前，由各班学生轮流在黑板上画中国轮廓图，上课后由老师点评修改或学生互评互改。

3. 学生也可以尝试绘画其他国家或地区的轮廓图及某区域的行政区图、专题地图等。见下插图。

李庆悦《亚洲气候类型分布图》（绘画步骤图）

秦钰婷《河北省、湖南省区图》（绘画步骤图）

优秀作品展示

一、专题地图类

专题地图是根据需要着重反映自然或社会现象中的某一种或几种专业要素的地图。通过使用地图语言，进行制图综合，缩小反映在平面上。它反映某种主题内容的空间分布、组合、联系、数量和质量特征及其在时间中的发展变化。地理教材中有非常多专题地图，如各种行政区划图、位置图、自然要素和人文要素的分布图等。

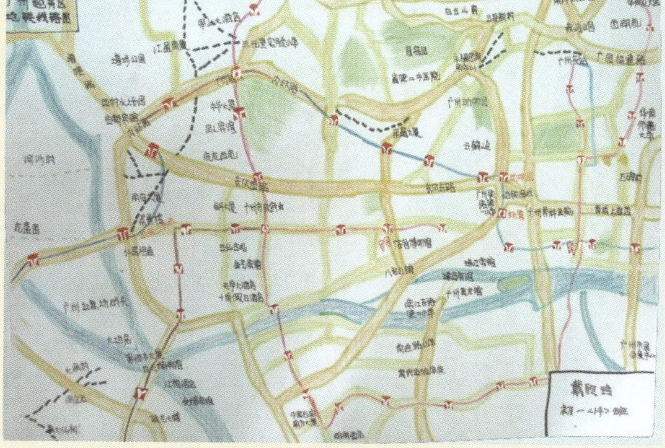

戴欣玲 《广州越秀区地铁线路图》

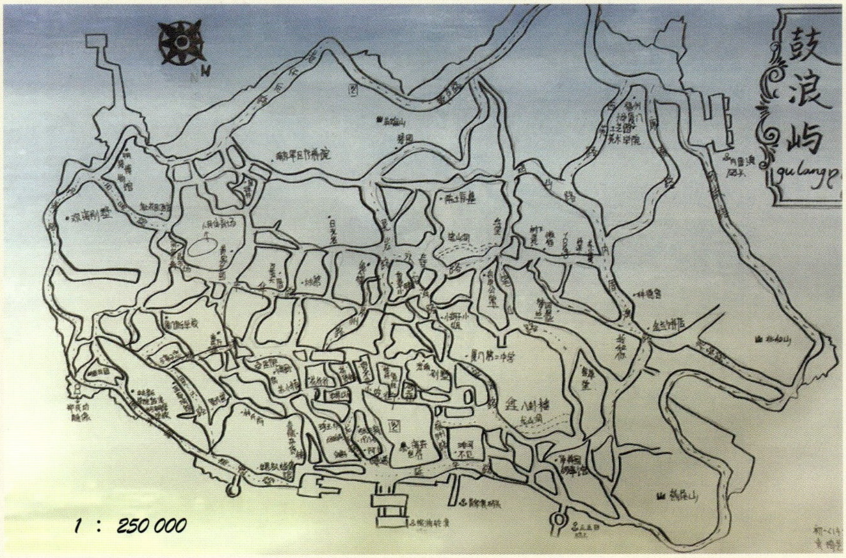

袁琦艺 《鼓浪屿地图》

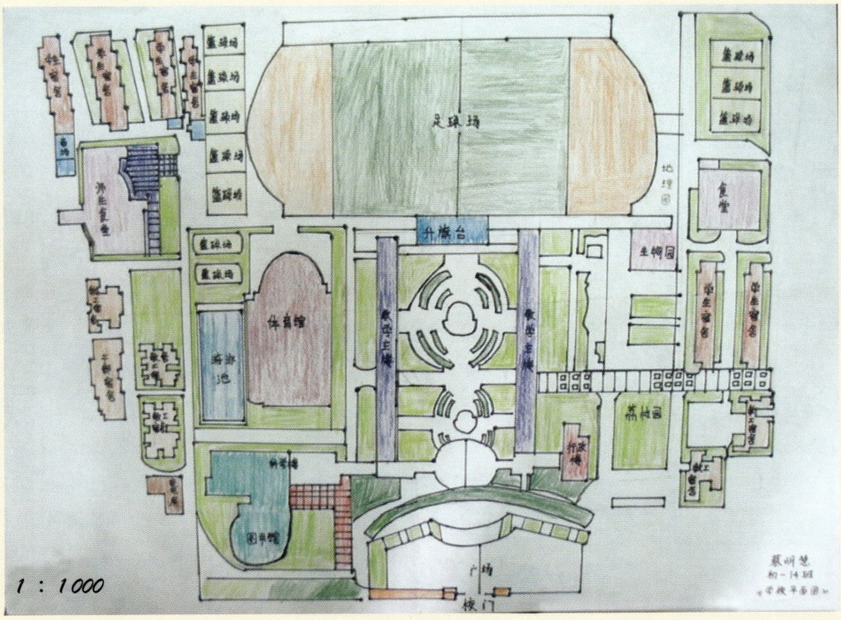

蔡明慧 《长安实验中学校园平面图》

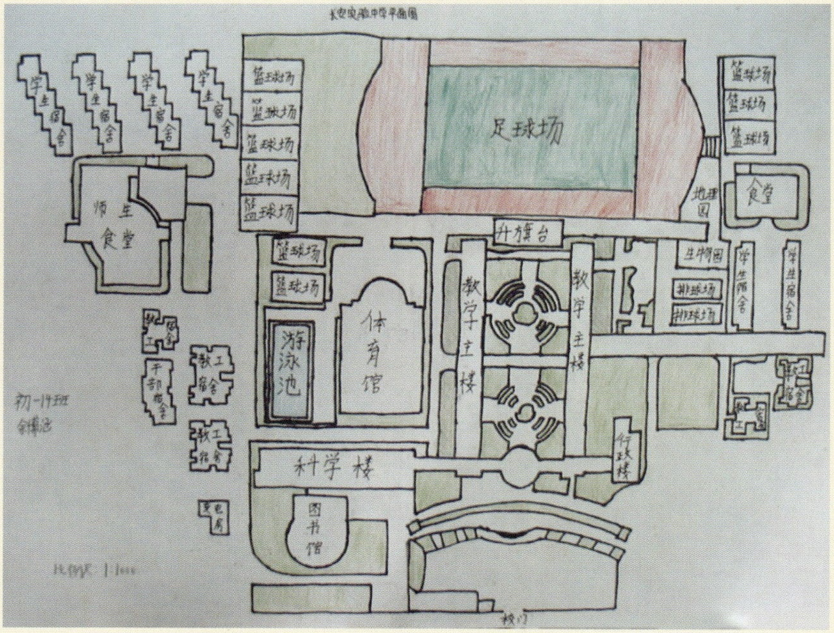

余博涵 《长安实验中学校园平面图》

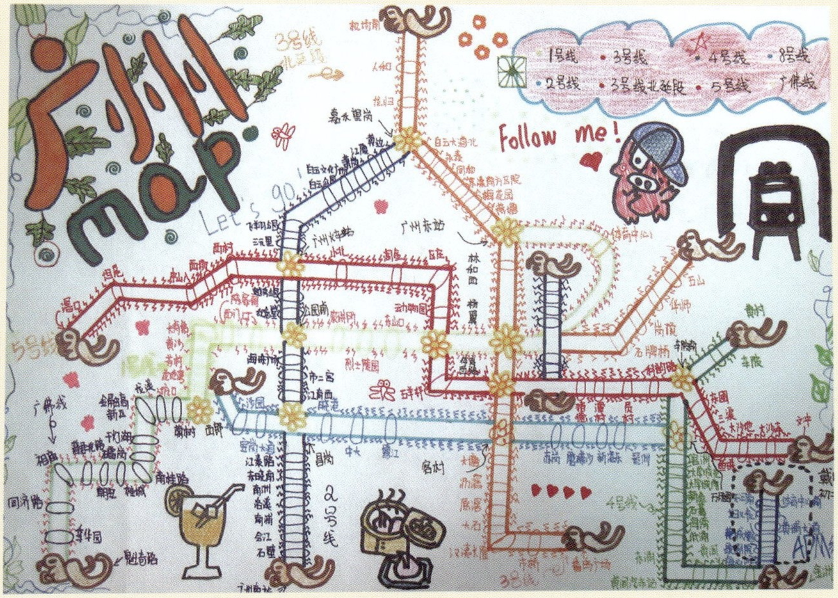

戴欣玲 《跟我玩转广州地铁》

二、地理漫画类

地理漫画通过自由的画面，运用写实、变形、虚构、夸张、假借、拟人、象征等各种手法，通过线描、黑白、彩色等各种形式，表达出作者的思想意图，以达到讲述、讽刺、幽默、教育、宣传等各种目的。

周怡 《愤怒的小树》

莫依澄 《契约》

林颖 《地球是我家 美丽靠大家》

林敏 《还地球一片宁静》

刘晚诗 《“救树主”》

王静仪 《保护地球环境》

何颖 《保护树木 爱惜地球》

林敏 《绿色能源》

王致佳　《渴望》

陈祉霖　《给地球一片爱》

三、地理手抄报类

手抄报是一种可传阅、可张贴、观赏性很强的报纸的另一种表现形式。乡土地理手抄报将自己家乡的自然环境、人们生产生活等内容，图文巧妙地设计在一个有限的平面内。绘制地理手抄报是一个全神贯注、脑手并用的创造过程，是学生地理素养、生活情趣、精神风貌和艺术修养的综合体现。

陈泳童绘制　张玲老师指导

王语涵绘制　张艳丽老师指导

潘楚琳绘制　肖冉老师指导

张佳茵绘制　蔡晓淇老师指导

李逸婷绘制　叶启航老师指导

尹一萱绘制　蔡晓淇老师指导

王子瑜绘制　植玉珍老师指导

麦峰鑫绘制　祝锦余老师指导

张馨予绘制　麦咏欣老师指导

王滢绘制　祝锦余老师指导

四、创意地名类

地名是人们赋予某一特定空间位置上自然或人文地理实体的专有名称。地名的缘起与演变，折射出所在区域经济社会发展的历史轨迹。创意地名通过了解各地地名的来源及含义，利用地方的自然地理和人文地理特色，结合文字结构原理与现代艺术手段，创造出包含作者思想的、图文并茂的变形汉字。

邝子瑶 《日本》

谢沛桦 《伦敦》

梁智媛　《广东》

朱厚源　《广东》

周靖凯　《东莞》

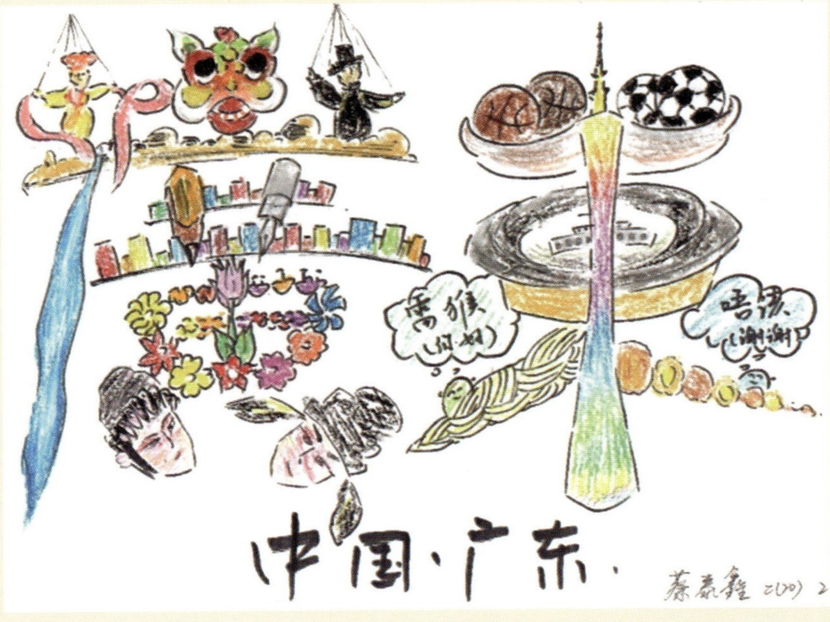

蔡泰鑫　《广东》

中国·山东·高密
万象更新
和顺一门有百福
平安二字值千金
酒
诺贝尔文学奖
初二(1)班
郭文隽

郭文隽 《高密》

酒
打
麻
将
茶
——成都
初二(4)班洪于恩

洪于恩 《成都》

麦珏锶 《上海》

陈贯之 《缤纷重庆》

五、文创设计类

文创设计指作者通过对生活的观察，以文化的美学特征、人文精神、特定元素等为创意源泉，把自己的体验、感受、审美、理解渗透到创作之中，最后设计出具有趣味性和场景感的作品。把独特的文化内涵和丰富地理知识巧妙融合，就设计出独树一帜的地理文创作品。我们在开展地理文创设计时，需要学生写明创意来源和设计理念，并绘制清晰的设计图。

《特色日用品》 陈奕嘉设计 袁冬仪老师指导

《地理联名茶具》 李昀崚设计 麦咏欣老师指导

《围龙茶具》 赖佳桦设计 蔡雪云老师指导

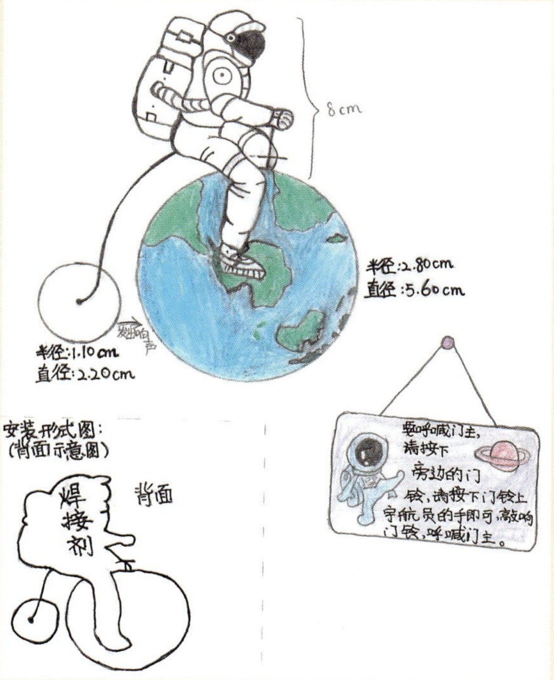

《宇航之铃》 王雯凤设计 刁苑婷老师指导

《地理扑克》 徐才然设计 蔡晓淇老师指导

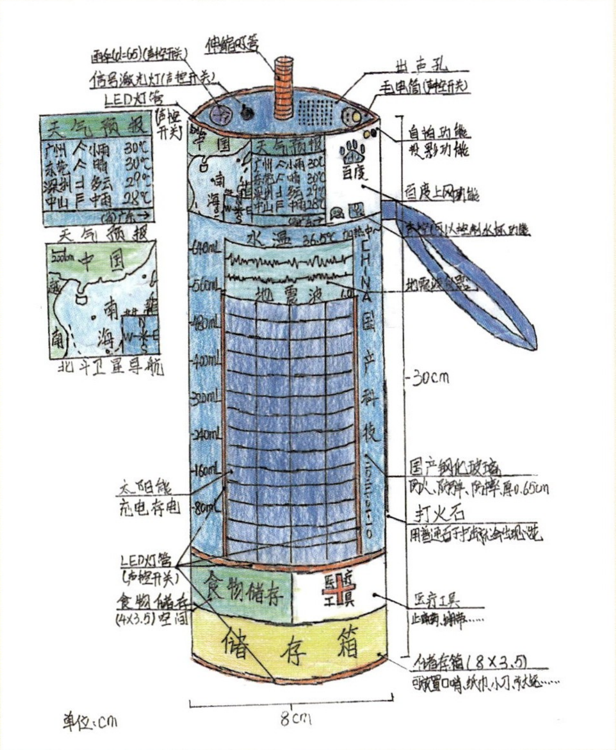

《急救水杯》 麦浩辉设计 袁冬仪老师指导

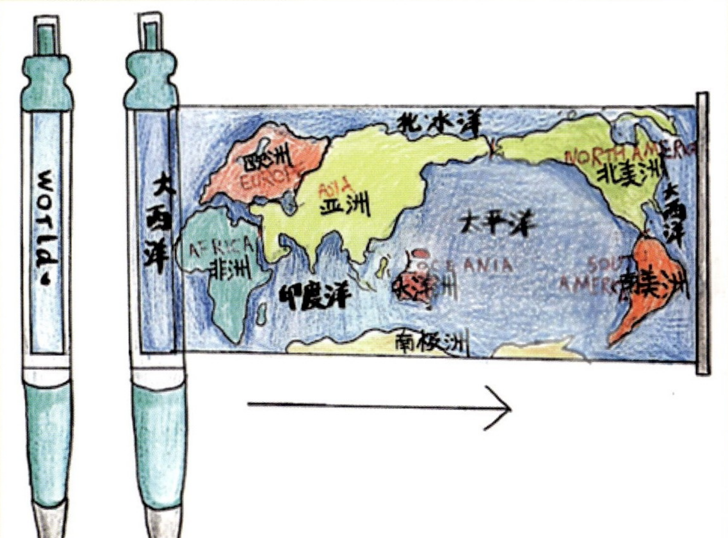

《地图拉拉笔》 蔡忻蓓设计 袁冬仪老师指导

《星空靓裙》 涂可欣、王梓晴设计 窦广丽老师指导

《中西合璧晚礼服》 麦成宾设计
张玲老师指导

《大气潮服》 杜长庭设计 袁冬仪老师指导

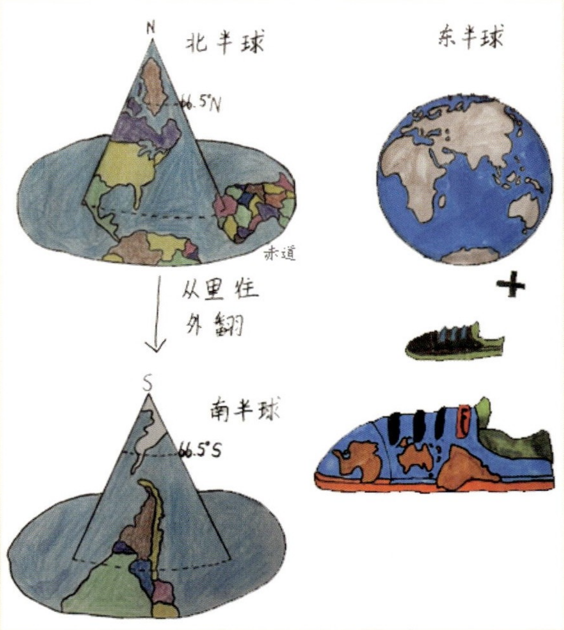

《半球鞋帽》 温锦慈、曾子琳设计 袁冬仪、肖金花老师指导

《折扇与风筝》 沈嘉莹、周嘉敏、罗鑫承设计
蔡雪云、张玲、麦咏欣老师指导

《地理配饰》 史智桢、黄乐熙设计 杨晓红、张玲老师指导

《书架、书包与手表》 黄子晴、李浩翔、黄佳仪、朱秋榕设计
叶启航、袁冬仪老师指导

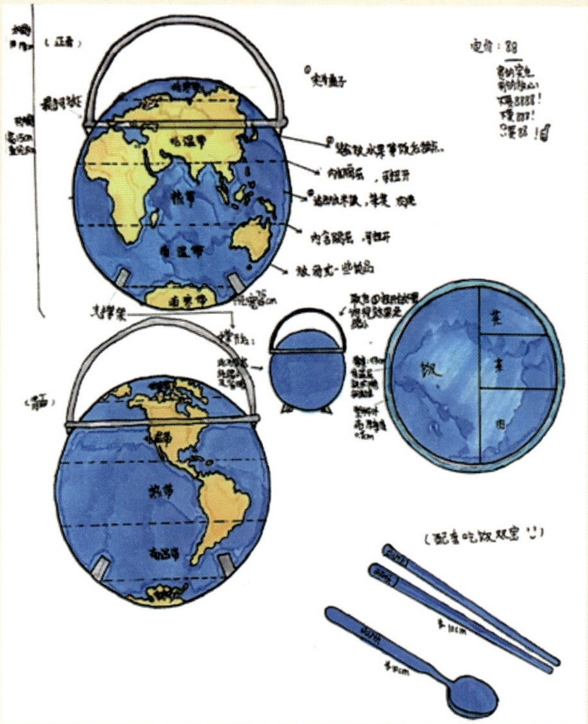

《地球饭盒》 古莉瑶设计 叶启航老师指导

《地图台灯与灯笼》 曹梓轩、江欣悦设计
窦广丽、袁冬仪老师指导

六、环境地图类

环境地图是以图形和文字为表现形式，用来反映自然环境本底状况，帮助评价人类活动对环境产生的影响及提出合理建议，而制作的专题地图。在开展环境地图活动时，要求学生对身边环境进行深入观察、思考，或者有针对性地进行亲自调查，以此为基础来制作专题环境地图。

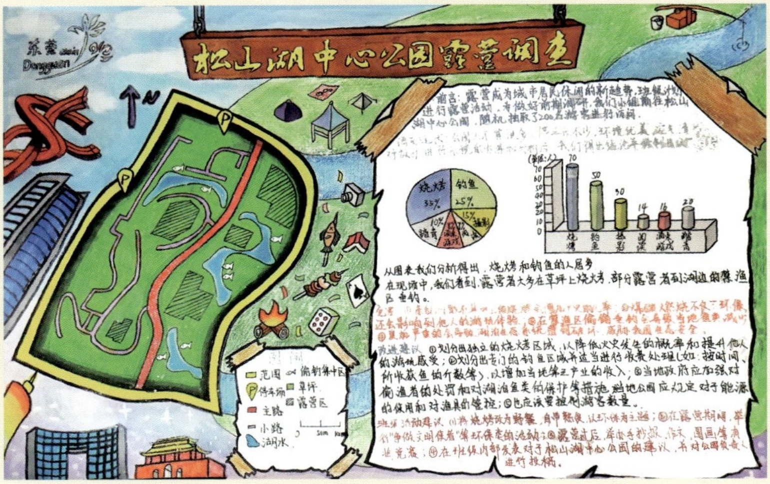

《松山湖中心公园露营调查》 刘飞扬绘制 袁冬仪老师指导

《松山湖景区调查》 钟慧涓绘制 肖金花老师指导

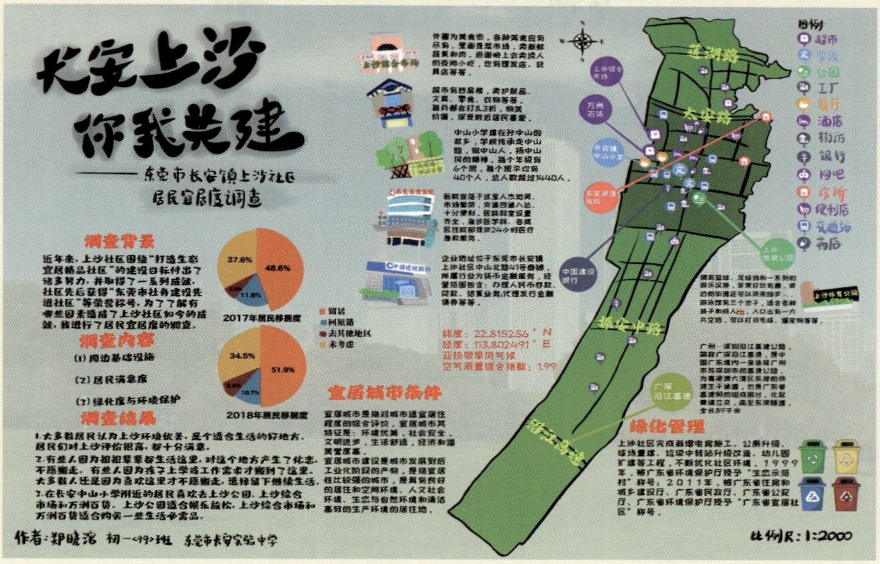

《长安上沙 你我共建》 郑晓涫绘制 蔡晓淇老师指导

《长安的城市》 林嘉慧绘制 植玉珍老师指导

《道滘镇反邪教公园之湿地景观》 贺慧栖绘制 植玉珍老师指导

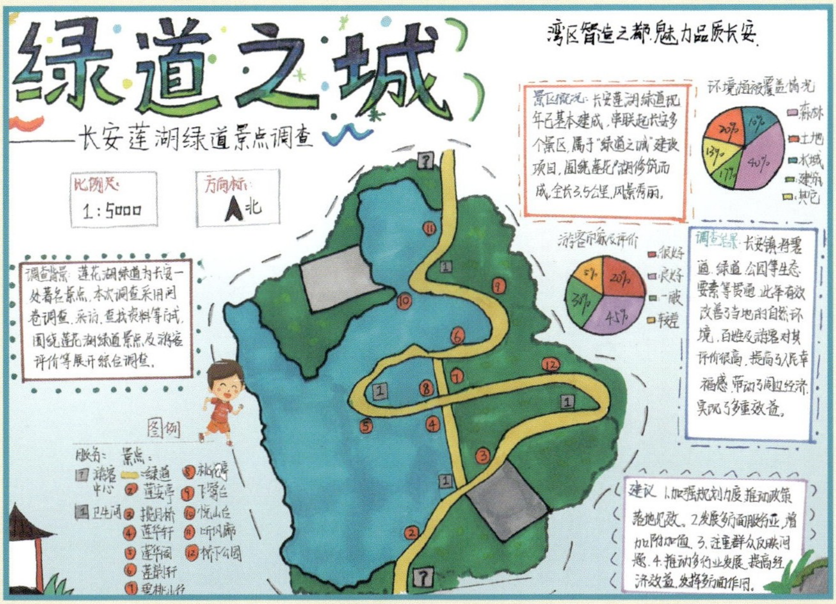

《绿道之城——长安莲湖绿道景点调查》 赵晗琪、谢子歌绘制
麦咏欣老师指导

《茅洲河的重生》 李琳绘制 袁冬仪老师指导

《万绿湖湿地公园》 彭浩宇绘制 蔡瀚铧老师指导

七、思维导图类

思维导图，又称脑图、心智地图，是表达发散性思维的有效图形思维工具。它运用图文并重的技巧，把各级主题的关系用相互隶属与相关的层级图表现出来，把主题关键词与图像、颜色等建立记忆链接。

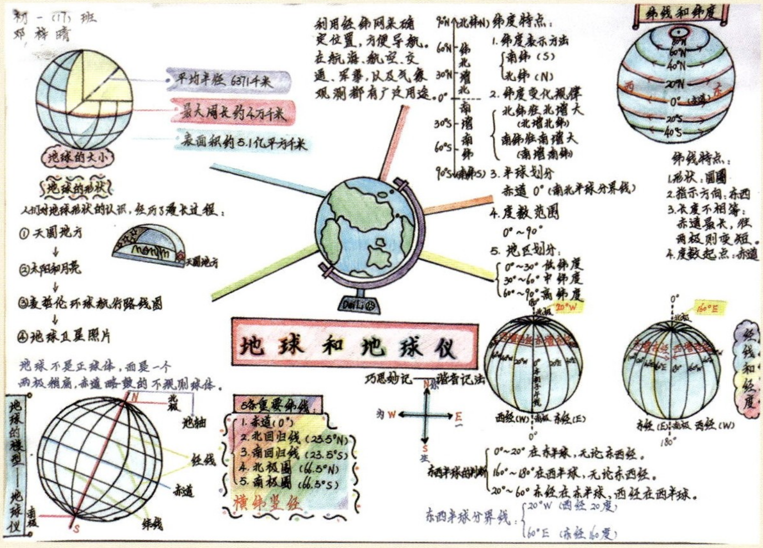

邓梓晴 《地球和地球仪》

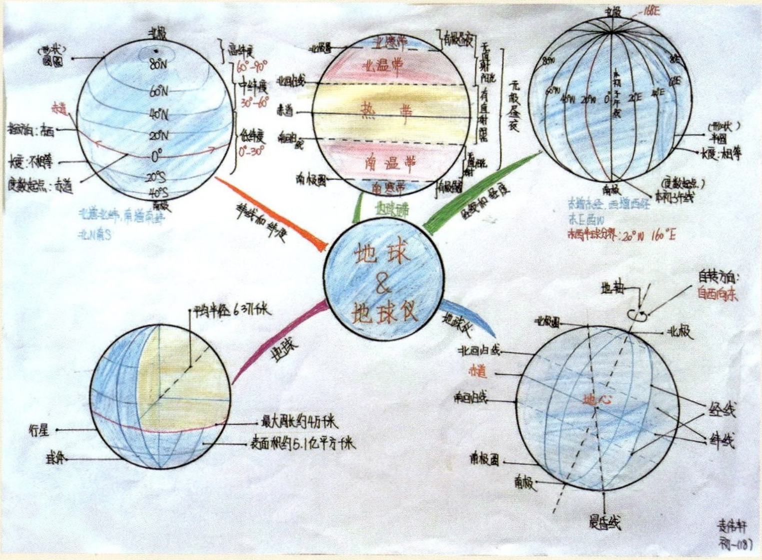

麦伟轩 《地球和地球仪》

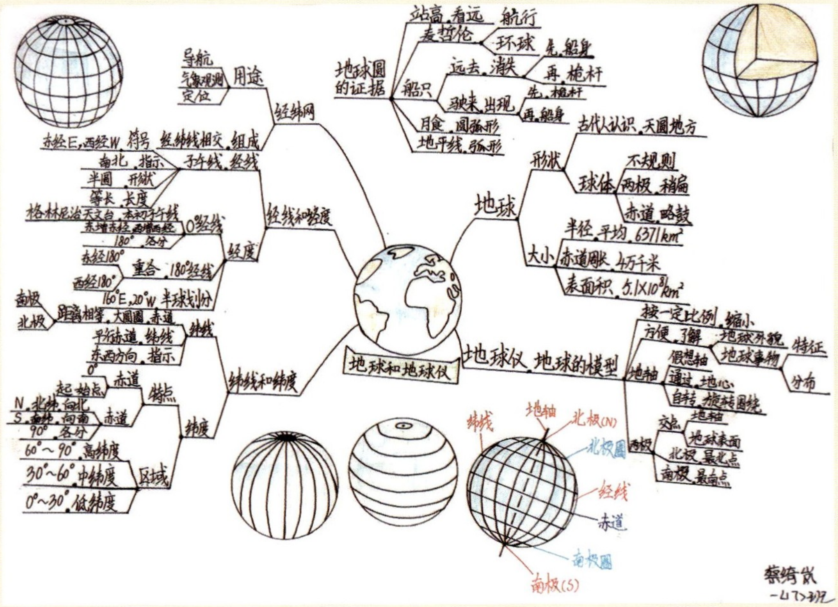

蔡绮岚 《地球和地球仪》

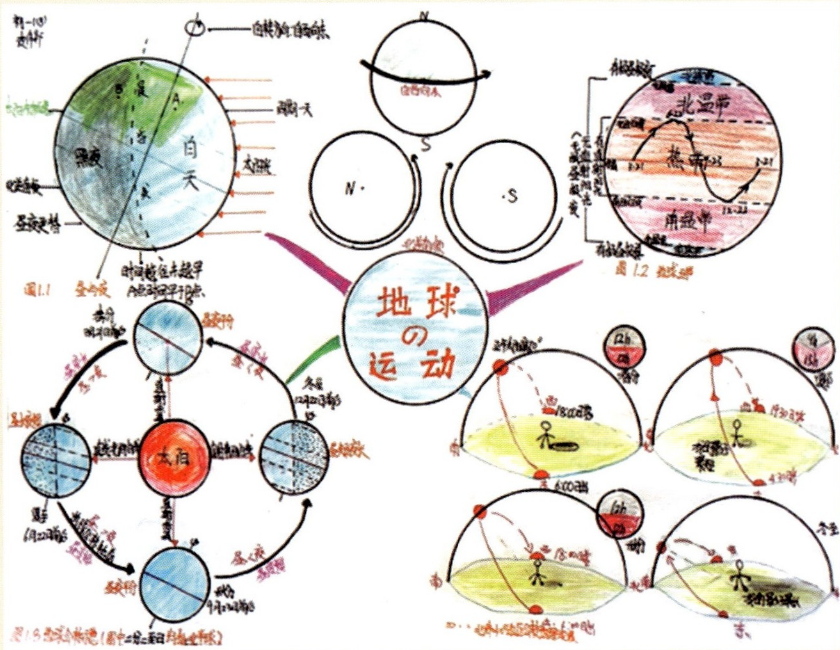

麦伟轩 《地球的运动》

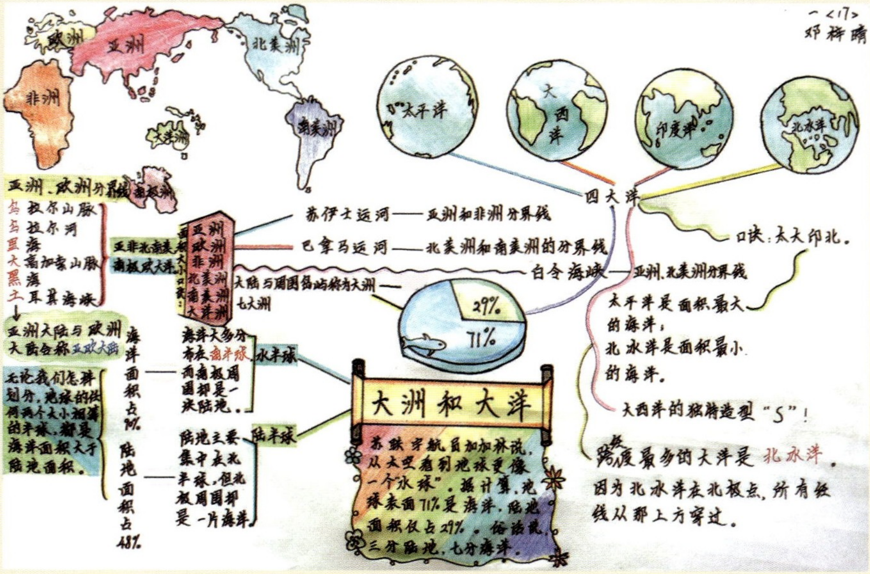

邓梓晴 《大洲和大洋》

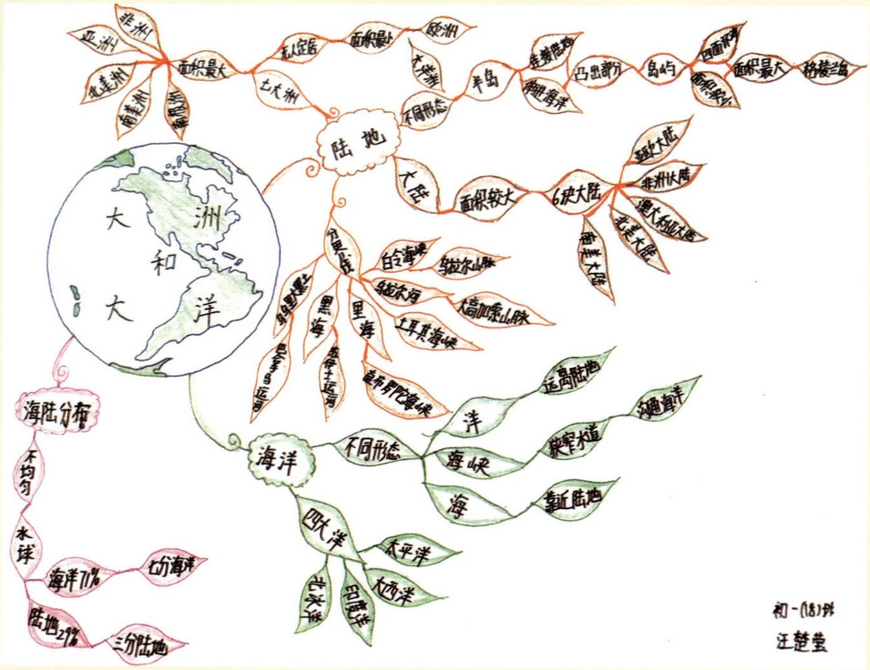

汪楚莹 《大洲和大洋》

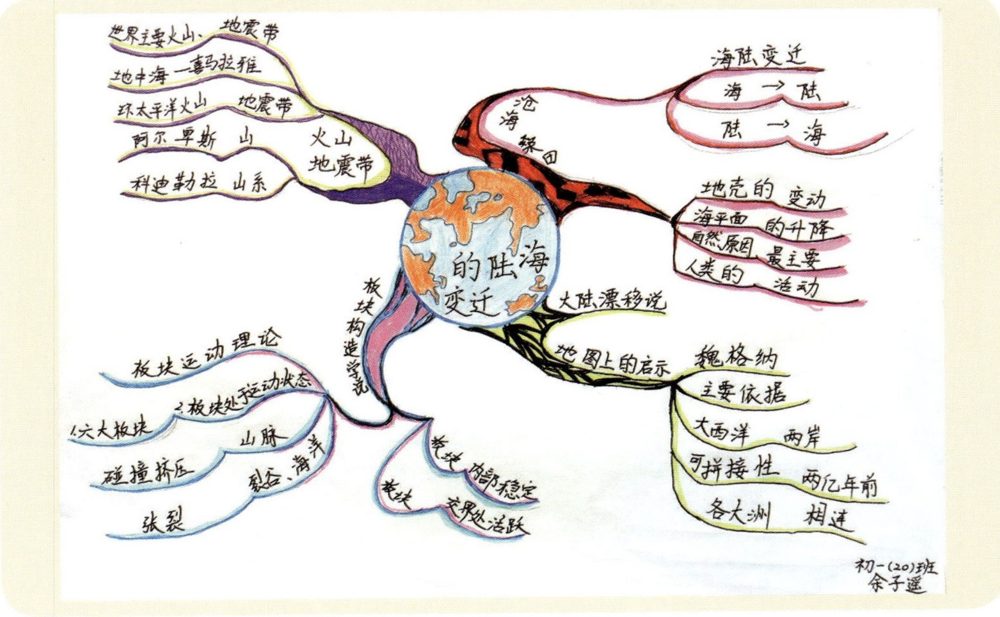

余子遥 《海陆的变迁》

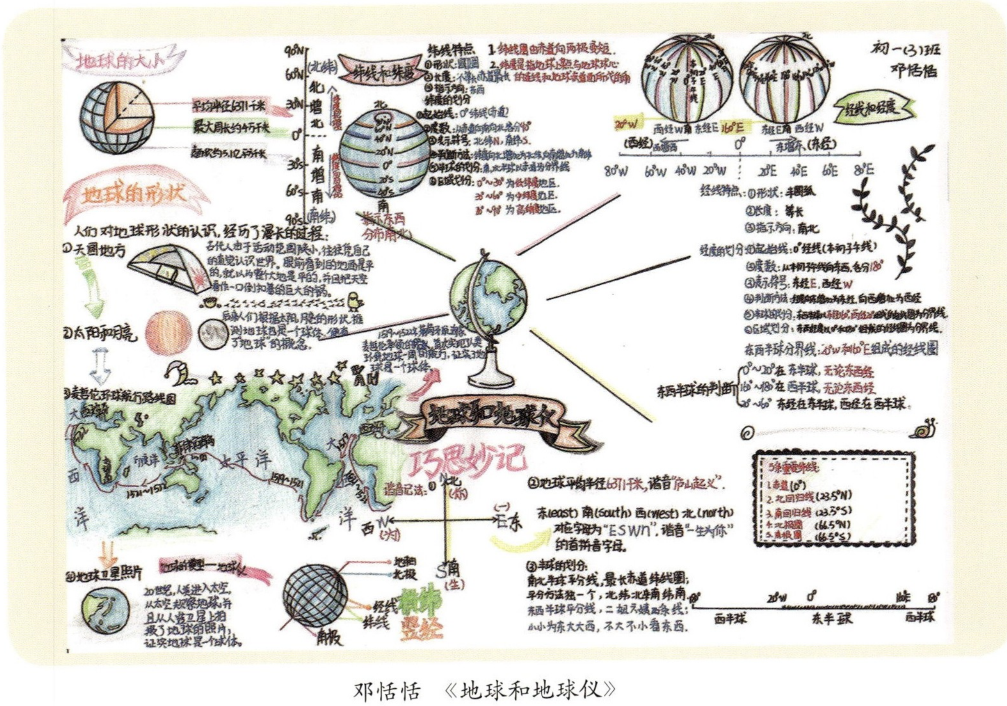

邓恬恬 《地球和地球仪》

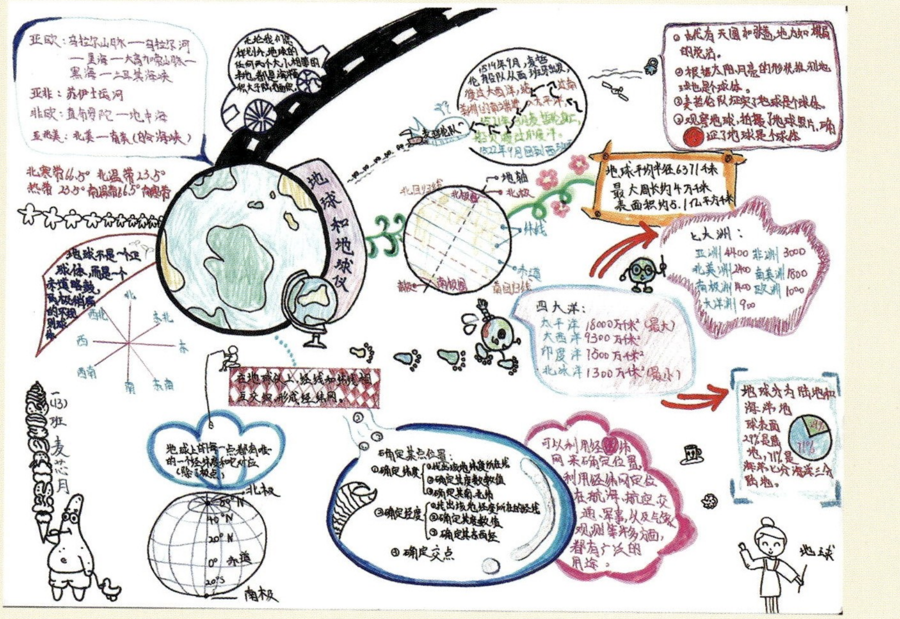

麦芯月 《地球和地球仪》

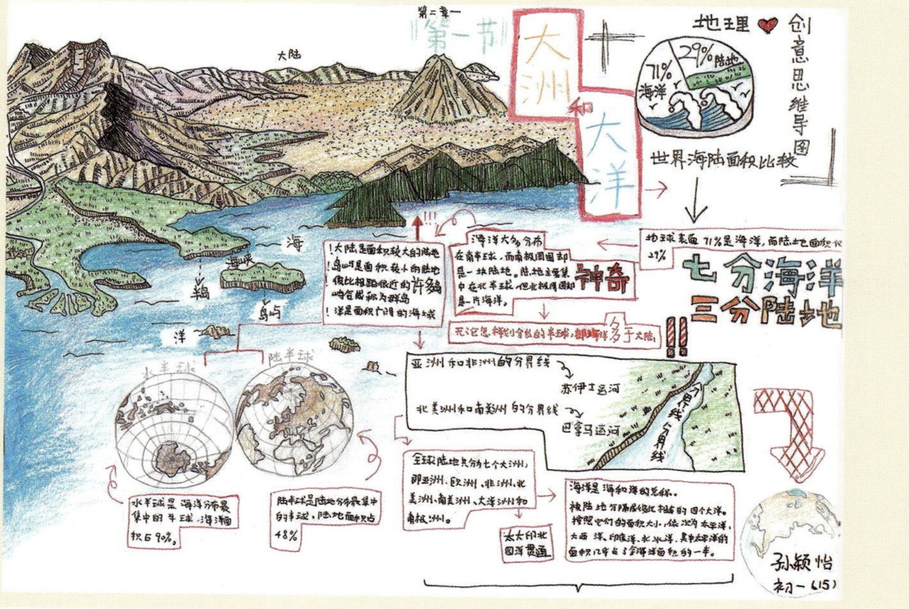

孙颖怡 《大洲和大洋》

模块三　地理制作类

这里的“地理制作”是指利用废旧物品和生活中随手可得的简单材料，创作与地理相关的各种物品，如各种装饰品、教具、学具等，用来美化生活或辅助教学。

地理是一门实践性很强的学科。学生在参与制作，特别是自制教具、学具的过程中，会有意识地多思、多问、多做，甚至通过创造性地设计和制作来解决学习中的问题，不但加深了学生对地理基本知识的感知、理解和记忆，更提高了学生的创造性思维、空间想象力和动手实践能力，培养了学生克服困难与科学探索的精神，激发了学生的地理学习兴趣，而且在课堂上使用学生自制的教具、学具，容易满足学生的成功心理，为教学创造一个愉悦、和谐的氛围，有利于提高教学效率。

我们开展的地理制作活动课程，包括环保饰品类、立体模型类、地理仪器类等内容。

内容安排

地理制作属于中阶活动，有一定的难度，内容安排可参照模块一中的整体设计。需要注意的是：教师要结合模型和课件资料等讲解，尽量边演示制作过程，学生边观察边模仿。每当学生交来作品，教师都要及时组织学生给予评价，让学生得到实时反馈。

一般来说，在七年级的第一个学期，以开展环保饰品类的制作为主。因为学生刚升入中学，对科目众多、内容繁杂的学习和全寄宿制的生活还在慢慢适应阶段，制作相对简单又有趣的环保饰品，符合七年级新生这个阶段的特点，环保饰品的制作与小学阶段的美工制作品类似，不以教学为目的，主要是为了培养学生的动手能力、环保意识和审美情趣。

在七年级的第二个学期，安排立体模型类的制作。立体模型包括各种地形地貌模型、等高线模型、建筑模型等，作品可以用来辅助地理教学，主要是为了培养学生对地理事物的空间概念，帮助学生记忆、理解和应用教材知识。在制作这类模型时需要较丰富的地理知识和一定的空间想象能力。七年级下册主要学习世界区域地理，内容较简单，学生时间较充裕，又有了上学期的知识和技能基础，安排立体模型类的制作，既巩固上学期抽象的等高线等知识，又创造性地理解和运用本学期的区域地理知识。

在八年级，一般安排地理仪器和对应教学内容的模型制作。经过七年级一年的地理学习和地理制作，学生已经有了较丰富的专业知识和较强的动手能力，可以准确地、有针对性地、创造性地制作一些更抽象、更精细的地理仪器，如三球仪、经纬网仪、日照仪、风速风向仪等，它们是教师讲活教材、化难为易的重要途径，也是学生理解、记忆、活用知识的有效手段。

在八年级的第二个学期，因为要迎接六月份的中考，大半学期都是在复习和备考，教师酌情考虑不安排耗时较多的地理制作。

活动步骤

地理制作活动的基本步骤为：准备活动—过程活动—评价活动，分教师和学生两方面，具体步骤见图 16。

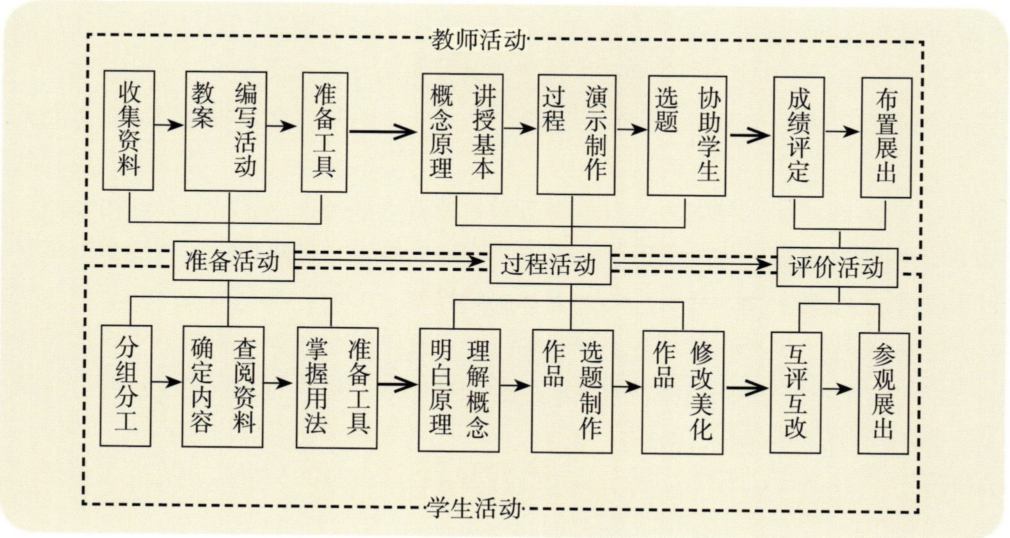

图 16　地理制作活动流程图

活动评价

地理制作的活动评价在活动总评价表上略做修改，从前期准备、制作过程、作品展示三方面评价，里面包含了过程性评价和结果性评价，也包含了知识技能、方法过程和情感态度等的评价。详见表3。

表3　初中学生地理制作评价表

作品名称：						
主创：		汇报者：	小组成员：			
评价环节	**评价项目**	**具体要求**	**分值**	**自我评价 20%**	**小组互评 30%**	**教师评价 50%**
前期准备	提出设想和方案	设想可行，具有可操作性； 具有一定的创新性； 制作方案内容科学，计划详细、全面	9			
	资料收集	资料搜集全面； 资料搜集的途径和方法多样化； 对搜集的质量能有效处理	9			
	材料准备	能有效收集所需要的材料； 利用身边废旧材料，实现废物利用； 材料易获得，造价便宜	9			
制作过程	制作能力	制作过程合理、有序； 按照计划认真制作，能根据需要及时调整； 充分运用地理知识和技能； 遇到问题多思多问，设法解决	20			
	制作态度	制作态度认真； 制作热情高，兴趣浓厚； 遇到困难不气馁、不放弃	15			

（续表）

评价环节	评价项目	具体要求	分值	自我评价 20%	小组互评 30%	教师评价 50%
作品展示	作品效果	作品科学、地理味浓； 作品大小适中、色彩搭配合理、美观度高； 作品牢固性好、简单实用； 作品性能可靠，易于推广	20			
	交流展示	表达流畅，条理清晰，逻辑性强； 应答能力强，时间掌握合理	6			
	作品评价	汇报表述准确，条理清晰； 能客观、全面进行自我评价； 能客观、准确对别的作品进行评价	12			
合计			100			
			总分:			

环保饰品的制作

这类作品指利用废旧物品创作生活中的日用品、装饰品等，以达到变废为宝、美化生活、方便生活、倡导环境保护等目的。

在当代社会，环保低碳和新颖时尚已经成为生活的一部分。环保饰品的概念在设计、材料选择和生产过程中都充分考虑了环境影响和社会责任。如采用回收金属、废旧织物和塑料瓶等，这些材料通过再生过程得以转化，成为独特而有意义的饰品。因为学习地理的最终目标就是让学生树立人地协调观，能够尊重和保护自然，坚持绿色发展、滋养人文情怀。环保饰品的制作不但提高了学生动手创造的能力，更深刻体验了环境保护带来的美的享受，提高了学生环保意识和社会责任感。

一、活动目标

1. 说明废物处理不当对环境造成的污染与破坏，理解废物利用的意义，培养环保意识。

2. 通过自主探究、合作交流，挖掘减少垃圾危害、变废为宝的金点子，发挥想象力、创造力，提高发现、分析、解决实际问题的能力。

3. 培养科学探究、勇于创新、乐于合作、积极进取的精神和审美情趣。

二、活动案例

（一）制作环保服装

【材料准备】

泡沫包装纸、颜料、订书机、剪刀、双面胶等。

【制作过程】

1. 先将泡沫包装纸剪出裙子轮廓，接合处用订书机订合。

2. 利用包装纸固定内部支架，制造蓬松效果。

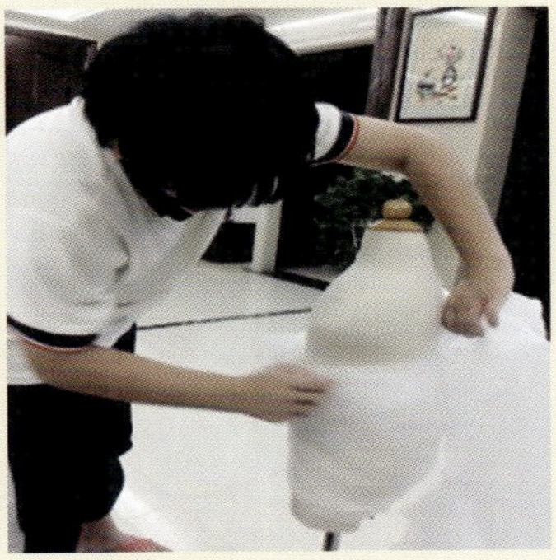

3. 将泡沫包装纸剪成细条状，缠绕成玫瑰花形状，用订书钉固定后再用颜料上色；之后按照设计需求将玫瑰花订到裙子上。

4. 最终成型，模特展示。

《无敌泡泡裙》 李祉希制作 陈小玲老师指导

【可参考案例】

利用旧蚊帐、报纸、塑料袋等制作环保服装。

（二）制作爱心布艺装饰

【材料准备】

一件有花纹的旧毛衣、爱心卡片、剪刀、笔、针线、填充物等。

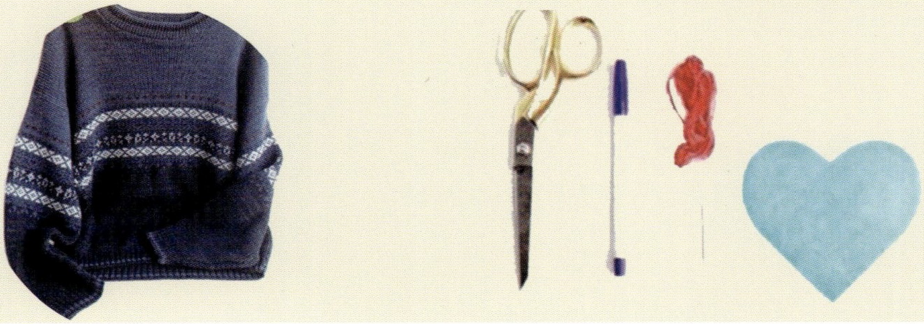

【制作过程】

1. 照着爱心卡片从旧毛衣上裁剪下来一些爱心（也可以是其他图形）。

2. 两两缝合。

3. 往中间加入一些填充物。

4. 在其后面用针线穿过，可以将几个连成一串，也可以用单独一个做吊坠。

5. 串在一起做装饰或单独做装饰。

【可参考案例】

利用旧牛仔裤制作成笔筒、手袋、钱包、抱枕、坐垫等。

（三）利用易拉罐制作装饰椅子

【材料准备】

若干易拉罐、剪刀、尖嘴钳、砂纸等。

【制作过程】

1. 用剪刀沿上沿的凹陷处把易拉罐的顶部剪去，然后再把下面的部分用剪刀剪成一条条的，条状的宽度在 3 毫米左右为佳。

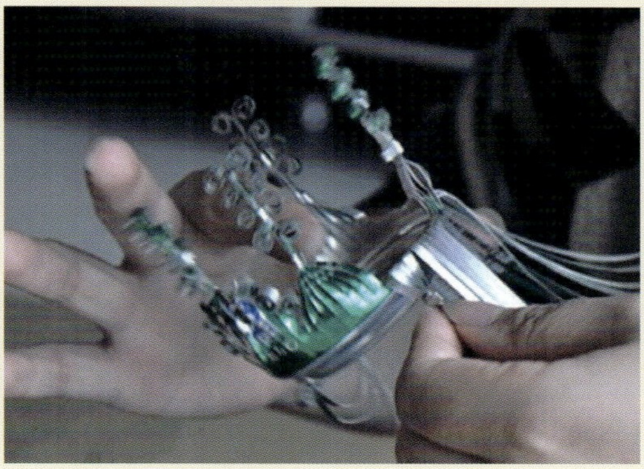

2. 把剪开的部分分成四等份，然后在分界处分别沿同一方向把 8 根扎成一束，扎成对称的四束，四等份中多余的部分留下来做前面的椅花和后面的靠背。将四束根据自己的喜好，向上卷成小卷做椅腿，把其中两个椅腿中间的部分不用束向上卷成高低不同的花型。

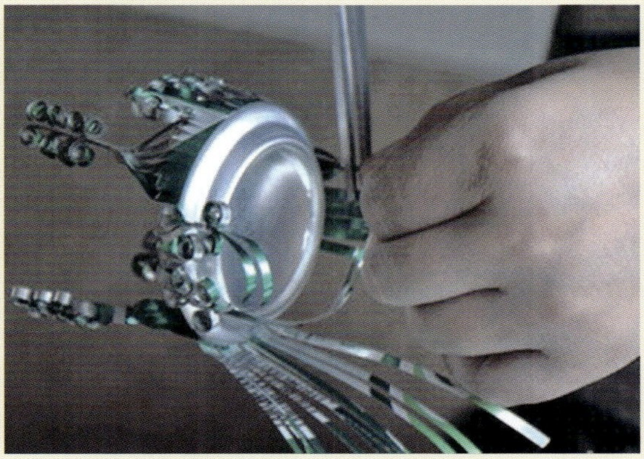

3. 接下来还有三面没有卷了，把它直接向反面折起来，做椅背，做法和做腿部的一样，需要根据自己的需要和想要的效果卷起来。如果想要做成高的靠背，可能条状的高度不够，那么就要用另一个易拉罐剪成相同宽度的条状来插接，效果会更好。

4. 全部完工后，需要用一纸板剪成与易拉罐底部大小相同的圆形，然后涂上自己喜欢的图案和颜色，做椅面。这样，一个漂亮的装饰椅子就做好了。

【可参考案例】

利用旧鞋盒制作小物件收纳盒、电线收纳盒、陈列架等。

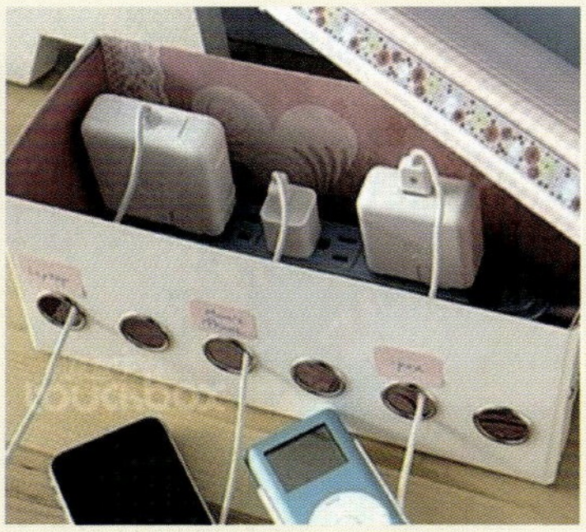

立体模型的制作

地图是空间现象的平面模型，将大面积上的地理现象进行抽象，然后缩小在小小纸片上。地理立体模型则是现实世界的缩小或者是平面图形的真实化。这类作品主要是利用学生身边的废旧材料，如废报纸、泡沫、包装盒、铁丝、木板等，制作地理教材或生活中的各种地理事物。它是地理事物的真实缩影，可以在一定程度上突破时空限制，把遥远的地理事物搬到课堂上；把无法窥视全貌的地理事物合盘托出，尽收眼底；把地理事物不明显的渐变过程变为突变过程，容易使教学过程达到最优化，从而激发学生的学习兴趣，对发展智力、培养地理实践力表现出明显的优势。不少学生能够判读平面地图上的地理事物，却无法转化为真实立体模式，说明他们并未真正理解地理事物，或者说缺乏迁移能力和空间思维。地理立体模型的制作能有效改善这一点。

一、活动目标

1. 深入理解各类地形地貌的特征及区别。理解各类地理模型中的地理概念、地理规律和地理原理。

2. 通过模型制作和实景对照，熟悉周围地形、地物等，提高地理观察能力和地理测量、计算、归纳等能力。

3. 通过小组合作，培养自主探究、乐于合作的精神，培养严谨细致、勇于创新的科学态度，培养审美情趣和审美能力。

2. 提高小组沟通合作能力。

二、活动案例

（一）制作等高线地形模型

【背景与意义】

“等高线地形图”是初中地理教学的一个难点，如何将具体的山体不同部位与抽象的等高线对应起来，是大部分地理教师在等高线教学中遇到的难题。通过制作地形模型，在模型上正确地画出等高线，将有助于学生直观地理解等高距、等高线等抽象概念，同时把具体的山脊、山谷、鞍部等山体部位与抽象的等高线图形联系起来，实现立体模型向平面图形的转化。

【制作要求】

制作一个具有山谷、山脊、山峰、鞍部、陡坡、缓坡的山体模型，并在模型上画出等高线，然后观察山体不同部位的等高线形状与疏密程度，并画在纸上。

【材料准备】

泡沫、纸巾、白乳胶、丙烯颜料、美工刀、画笔等。

【制作过程】

1. 先将泡沫板切割出所需的大致形状，利用纸巾加白乳胶（以大约 1 ：1 的比例）有选择地覆盖在泡沫模型上，形成地势起伏的模型初胚。

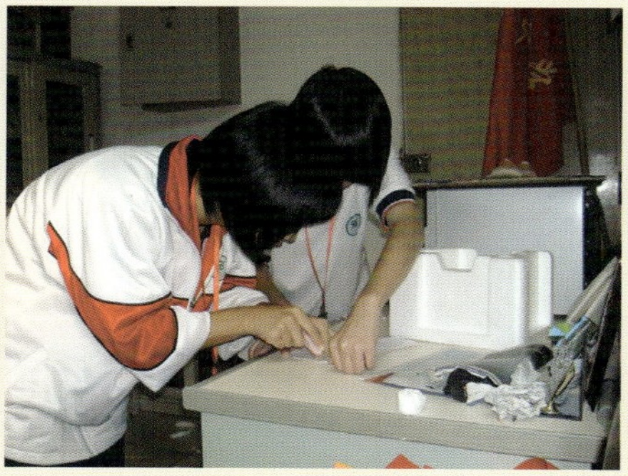

2. 根据需要，继续完善山脊、山谷、山峰、陡崖、缓坡、鞍部等山体部位，特别注意捏出山脊、山谷，完成后置于通风处晾干。

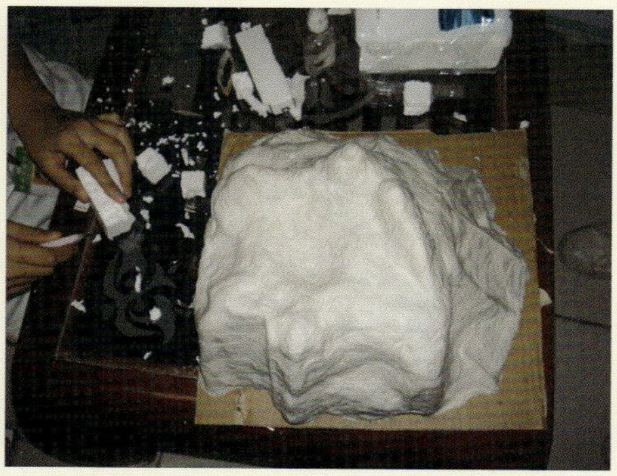

3. 在晾干后的模型上画上等高线，注意等高距，根据分层设色标准进行分层上色。

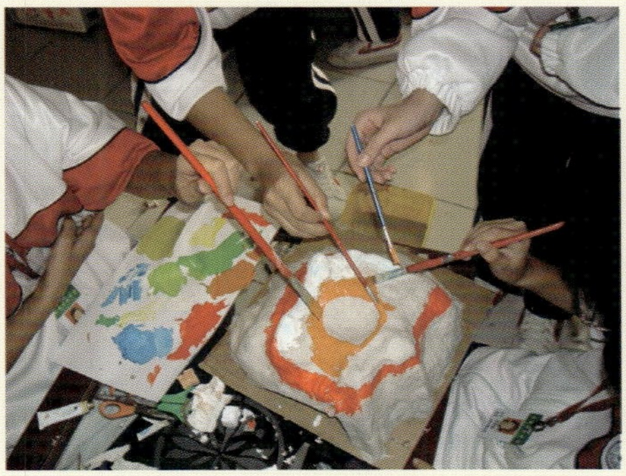

4. 描上等高线，完善各项细节，补充其他地理事物。

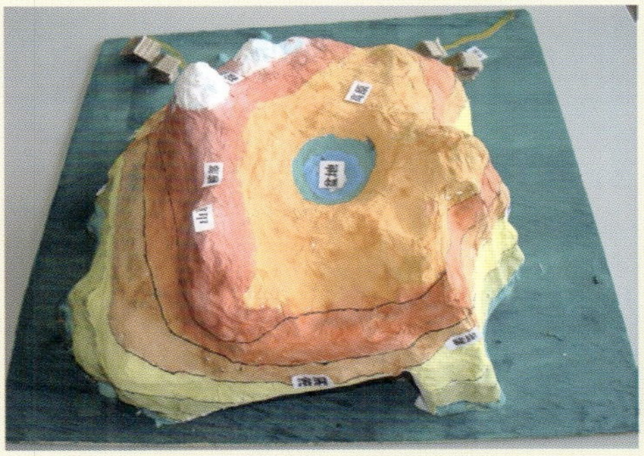

《将军山模型的制作》　肖金花老师指导

【可参考模型】

分层设色地形模型

教具名称：分层设色地形模型　　　　七（5）班 徐缘制作　肖金花老师指导
主要制作材料：废报纸、纸巾、木板　尺寸：长 45cm，宽 35 cm，高 2 ～ 25cm

分层设色地形图和地形素描图

说明：该作品是根据人教版七年级上册第 27 页的分层设色地形图和地形素描图制作的（见上图）。作品包含以下内容：①高原、山地、丘陵、盆地、平原五种地形；②陡坡、缓坡、山顶、山脊、山谷、鞍部、悬崖等山体的不同部位；③等高线；④河流、水库、湖泊。为方便教学使用，以上主要事物都用标签纸标注在模型上。

功能：该作品内容丰富，制作科学、精美，把分层设色地形图和地形素描图立体化、形象化，很好地突破了教学中的重难点，可一具多用。

（二）制作台湾省地形模型

【背景与意义】

学会制作任意的具有不同山体部位的立体模型，了解实际的山体部位在等高线地形图中的形状，但还有相当多的学生看到一幅等高线地形图，无法建构出准确的实地景观。通过给出台湾省的地形图，制作出立体模型，更深层次地理解等高距、等高线，实现平面图形向立体模型的转化。

【制作要求】

根据台湾省的分层设色地形图制作台湾省立体模型，并画出等高线。

【材料准备】

废报纸、纸巾、白乳胶、颜料、画笔等。

【制作过程】

1. 前期准备：准备一块木板，在木板上面画好台湾岛的轮廓和等高线、澎湖列岛、台湾海峡等（或者在纸上画好后再粘贴在板上），注意相对位置和大小比例；将废报纸撕碎，泡水约一天，浸软后，压干水分变成纸浆，留作后用。

2. 用白乳胶作黏合剂，在台湾岛轮廓内黏上纸浆，注意按海拔逐步加高纸浆厚度。建议顺等高线，分层黏贴，先黏高处再黏低处。

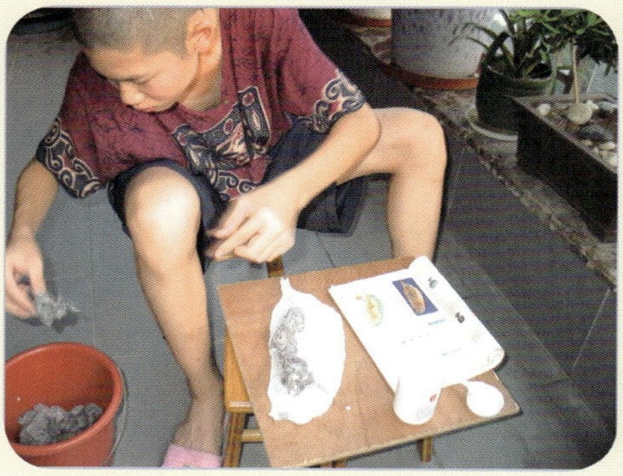

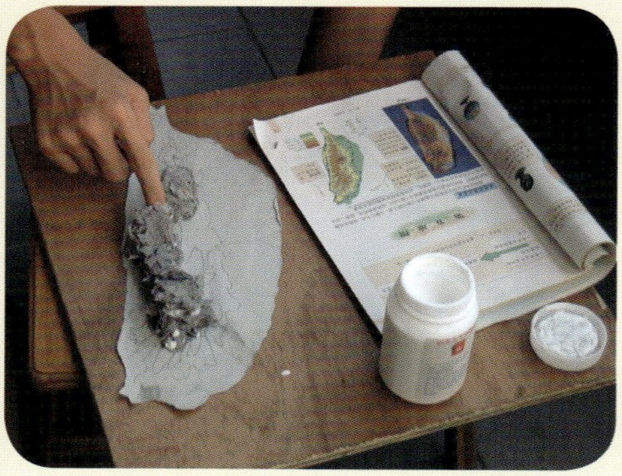

3. 当大致成型时，改用纸巾，层层覆盖，并压实，方便上色。完成台湾岛立体模型后，再同样完成周围小岛的模型，注意相对高度。完成后置于通风处晾干。

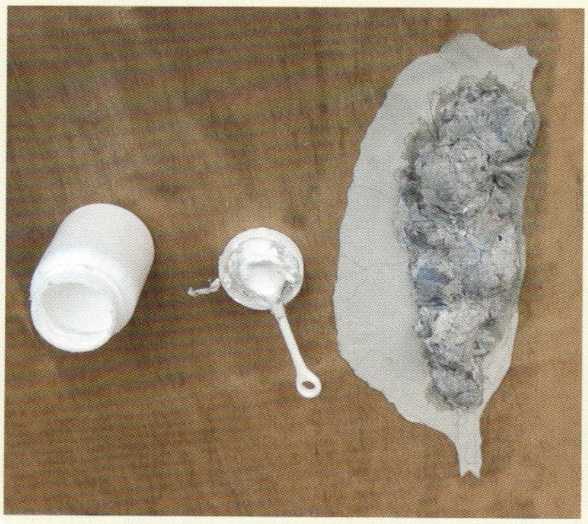

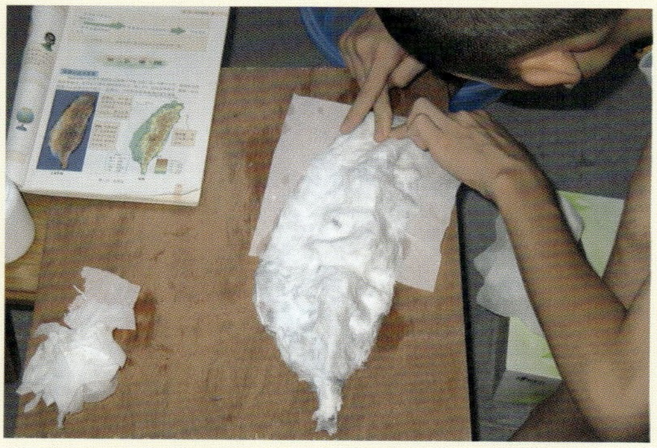

4. 根据台湾省地形图，在晾干后的模型上画上等高线，根据分层设色标准进行分层上色。

《台湾省地形模型》 游楚天制作 肖金花老师指导

【可参考模型】

《等高线地形模型》 陈锦蕾制作 陈小玲老师指导

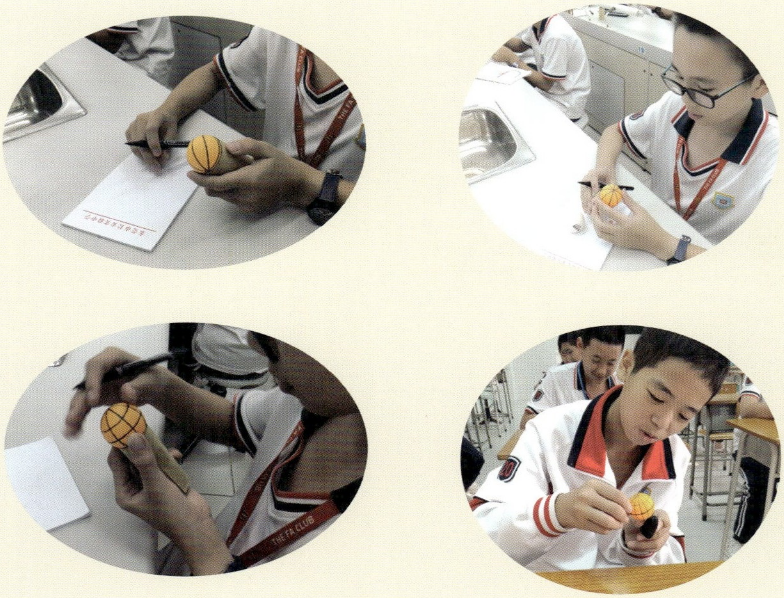

经纬网地球仪的制作 肖金花老师指导

三、优秀作品展示

热烈欢迎广东省骨干教师莅临
“肖金花教师工作室”跟岗学习

手绘地图作品展

“手绘地图”学生作品展

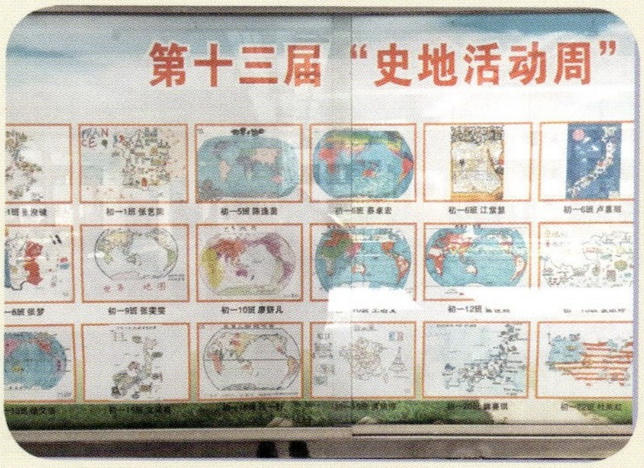
第十三届“史地活动周”

文 化 宣
绘地图优秀作品展（地理科组）
初二

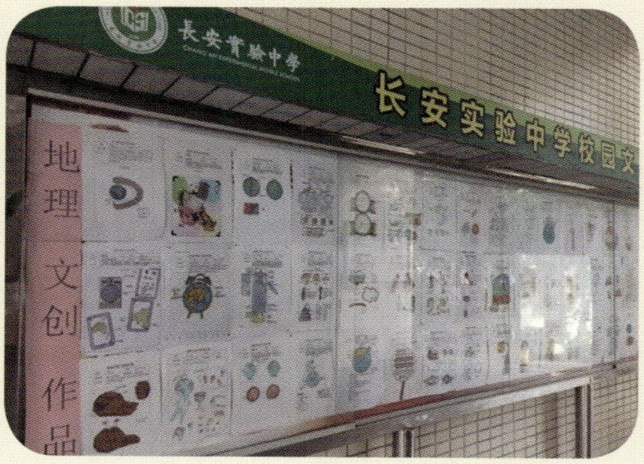
长安实验中学
长安实验中学校园
地理文创作

半岛、岛屿、大陆与海洋模型

海洋与陆地模型

岛屿分层设色地形模型

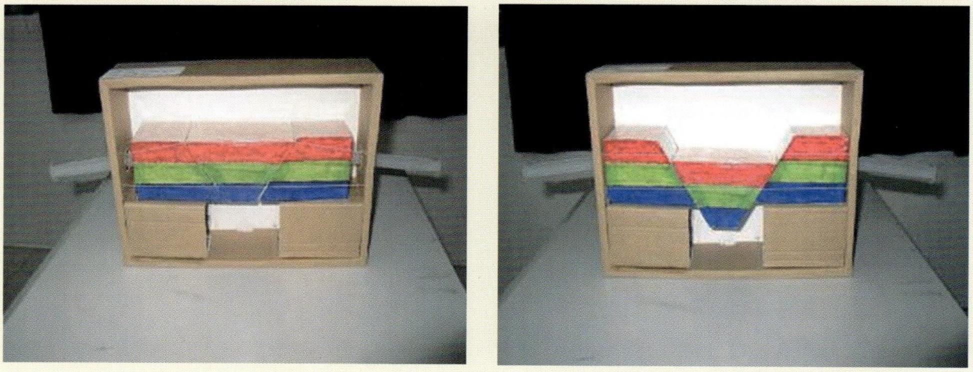

断层动态示意模型

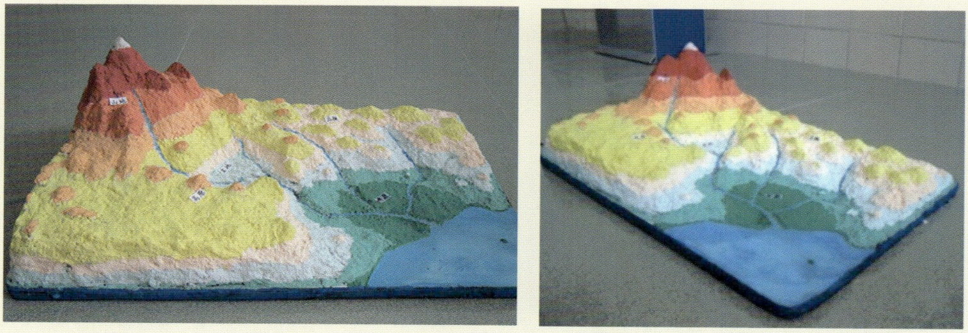

五种地形模型

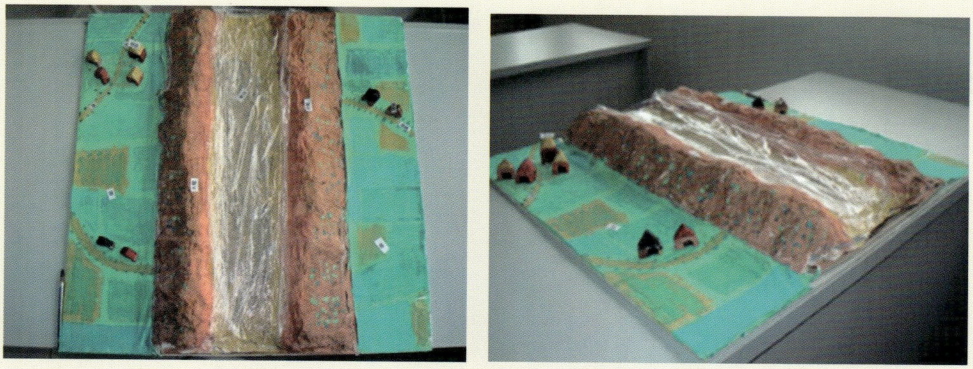

“地上河”模型

度假村模型

峡湾风景

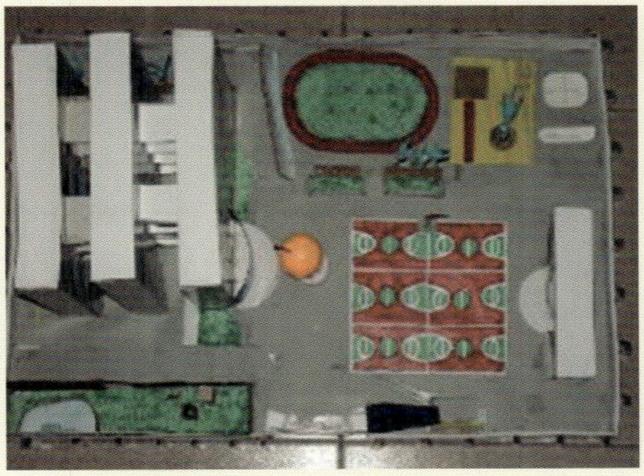

校园模型

民居模型

抗震的房子

四种民居

山区和村庄

火山模型

火山模型

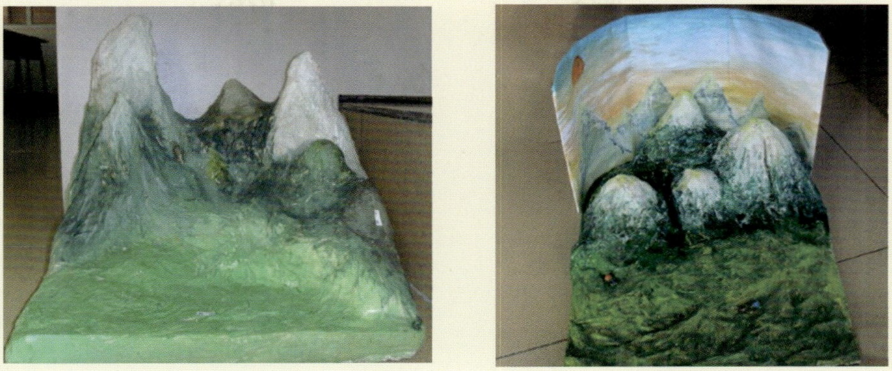

山地模型

滨海碉楼

威尼斯贡多拉

小村庄

斜顶屋

巴黎铁塔

《蒙古包》 栗诗涵制作 甘金灵老师指导

东南亚竹楼

《客家围屋》 罗子娴制作 甘金灵老师指导

《北京四合院》 付煜满城制作 甘金灵老师指导

《布达拉宫》 陈宸制作 甘金灵老师指导

地理仪器的制作

地理仪器，如三球仪、地球仪、经纬网仪、地动仪、日照仪、风速风向仪，以及雨量器、蒸发器、区时计算器、测角器、日晷、拼图等。该类仪器具有针对性强，可随便观察、触摸、演示，又可根据实际需要，任意拆卸、组装等特点，是对有关教材内容钻研的成果，是教师讲活教材，化难为易，愉悦教学，有效减轻学生负担，全面发挥教师主导作用的重要手段和坚实的物质基础，也是学生理解、记忆、活用知识的有效手段。

比如初中地理教学中最常用的地球仪，它通过文字、图形、线条、色彩来传递更加直观、更加感性的知识和信息。观察地球仪上的经纬线的长度和方向、区域的面积和形状、事物的分布规律和相互关系等，比平面的地图要准确得多，所以地球仪可以让孩子更加直观地认识我们这个世界。

一、活动目标

1. 深入理解仪器中的地理概念、原理和规律，能科学准确地操作与应用自制的简单仪器。

2. 通过自制简单仪器和进行原理演示，提高地理观察力和逻辑思维能力，形成空间思维，提高自主探究和综合运用能力。

3. 培养勤动脑、勤动手的良好学习习惯，培养严谨求实的科学态度和积极进取的精神。

二、活动案例

（一）制作简易日晷仪

【背景与意义】

日晷，本义是指太阳的影子，现主要指的是人类古代利用日影测得时刻的一种计时仪器，又称“日规”。其原理就是利用太阳的投影方向来测定并划分时刻，通常由晷针（表）和晷面（带刻度的表座）组成。利用日晷计时的方法是人类在天文计时领域的重大发明，这项发明被人类沿用达几千年之久。在紫禁城、清华大学校园，甚至许多城市广场、花园、道路、小区和游览点等都可看到它的踪影。通过制作简易日晷仪，模拟地球的运动，理解地球运动的地理意义，并通过认知日晷仪，激发探究问题的兴趣和动机，坚定文化自信。

【材料准备】

三角尺、圆规、量角器、铅笔、卡纸（约长 16 厘米、宽 30 厘米）、泡沫（约长 20 厘米、宽 14 厘米、厚 5 厘米）、裁纸刀。

【制作过程】

1. 先在卡纸长度的 1/2 和宽度的 1/3 交点处取中心点，用圆规画一个半径为 7 厘米的圆形，正面画完，在卡纸反面取同一个圆心，画一个同样大小的圆形，然后再在正反面画半径为 5 厘米的同心圆。

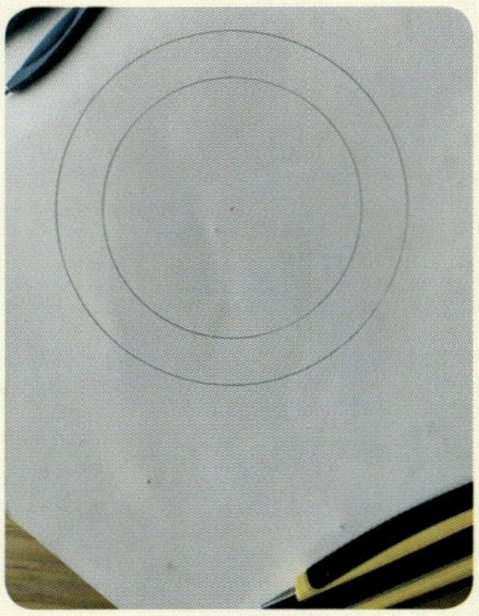

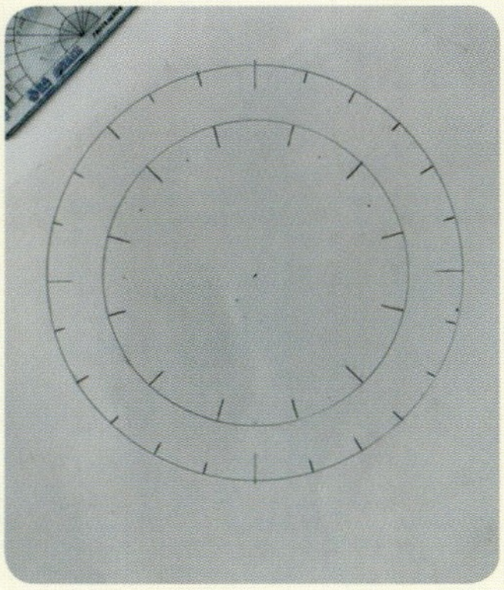

2. 在卡纸正面的最大圆上取点（大约在卡纸长度的中间位置），标注 0，用量角器每隔 15 度，做一刻度，按顺时针方向分别注上 1、2……24 作为时线。在卡纸的反面则按逆时针方向注上 0、1、2……24 作为时线 (注意：正反面 0 时线要重合)。这样就做好日晷的盘面了。

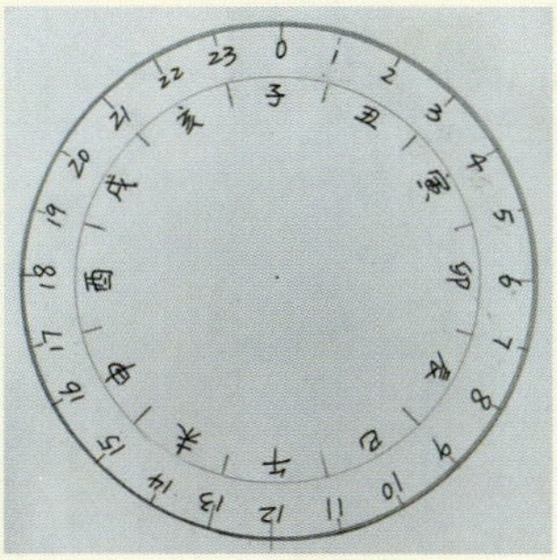

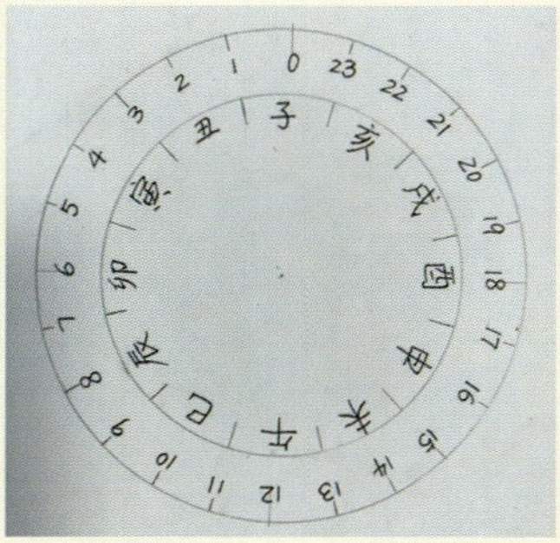

3. 在圆的下方（即 12 时的方向）紧连面板地画好日晷的基座，然后用剪刀剪下面板和基座。取一根牙签充当晷针，垂直插入日晷面板中心（注意：必须使牙签垂直于日晷盘面，可以用三角板沿两个方向使牙签直角。牙签的垂直度对测时精度影响非常大）。在确定垂直以后，用万能胶加以固定。

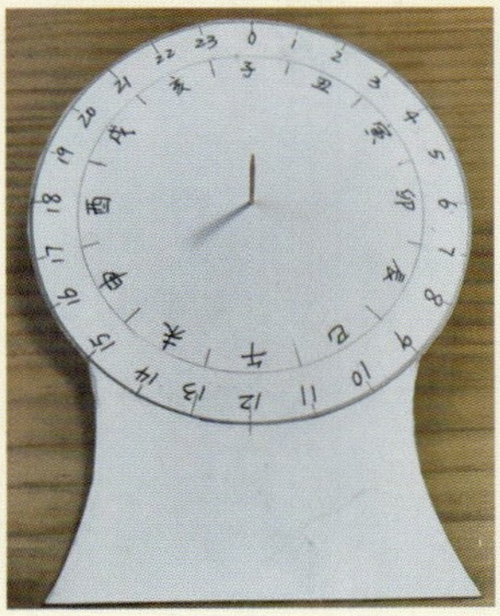

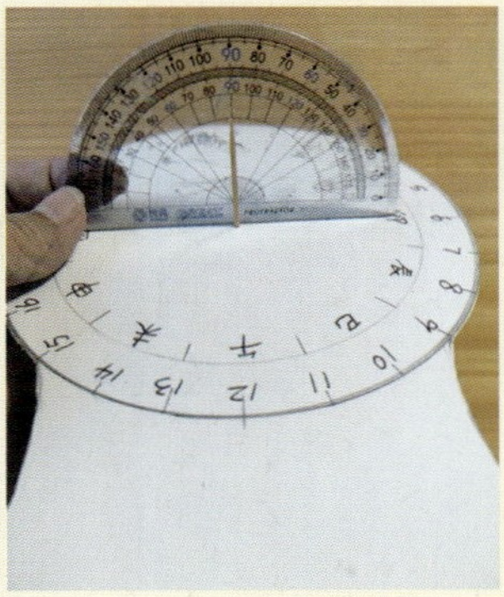

4. 在长方体泡沫正面长度的 1/ 4 处画一条横线，在两侧面（即厚度面）的相同位置画垂线。从垂直线最上部，由上向下画一条与垂直线有一个夹角的斜线，这个夹角就是当地的纬度数值（例如，如果在东莞，就取东莞的纬度 22°49′）。如下图。

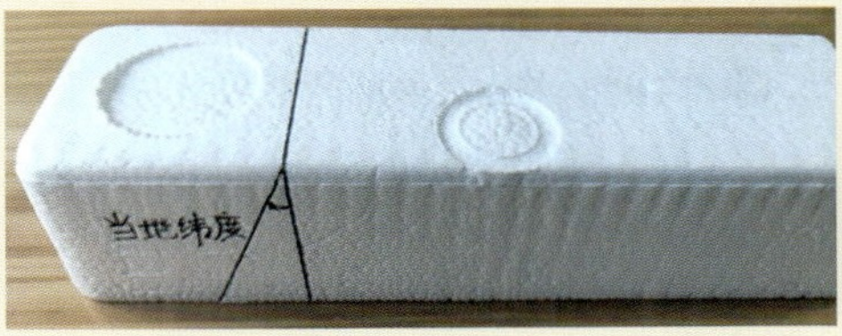

5. 用裁纸刀压在泡沫正面的横线上，沿着侧面的斜线切下去，不要切到底，只切一半就可以了，然后把前面做好的日晷卡纸基座沿这个斜切面插入泡沫，这个日晷模型就做好了。

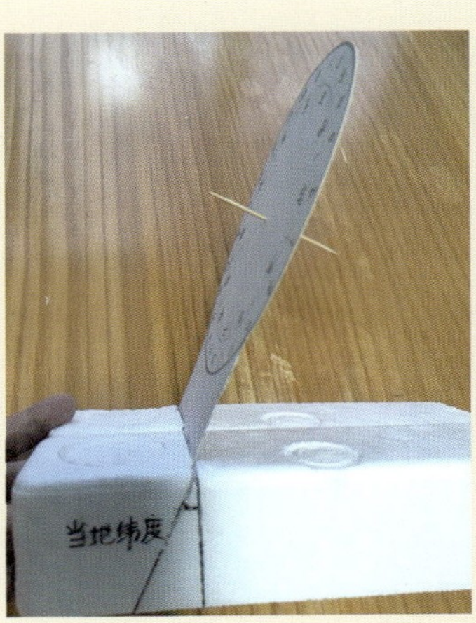

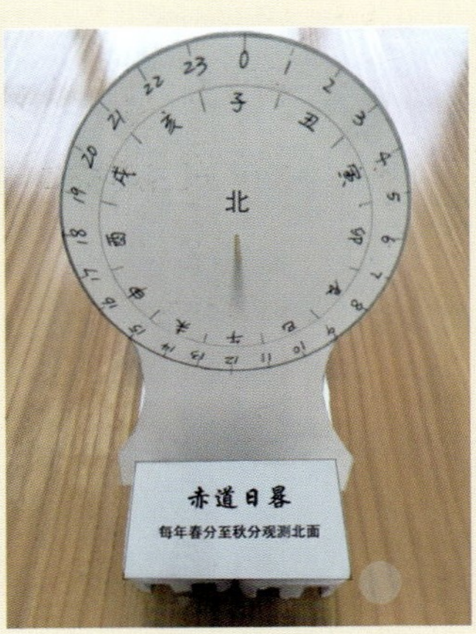

（二）制作简易三球仪

【材料准备】

三角尺、圆规、量角器、铅笔、卡纸、泡沫、裁纸刀。

【制作过程】

1. 太阳用一个100瓦灯泡配一个圆形乳白色外罩做成，装在左边支柱的顶端。

2. 地球仪用乒乓球做成，用小铁丝斜穿作轴，用铁皮半环支撑固定在右边的轴上。

3. 皮带轮：在假定太阳的下面5厘米处，将一个大一些的皮带轮固定在支柱太阳的轴上；在支柱地球直轴的下面，装一个可以绕轴转动的小一些的皮带轮。两个皮带轮直径的比是12 ∶ 1。

4. 月亮：取一个中间有孔的、大小合适的小球，穿在铁丝上，安装在地球仪下面的小皮带轮的边缘，高度与地球仪中部相平，可以随着小皮带轮的转动绕地球旋转。

5. 托板：在大皮带轮下面的轴上装一块可以绕轴转动的托板，托板的长为50 ~ 60厘米。它的右端有一个孔，将小皮带轮的轴固定在孔内，挂上松紧合适的皮带，推动托板，使托板带动地球绕太阳转动，同时小皮带轮驱动月亮绕地球旋转。

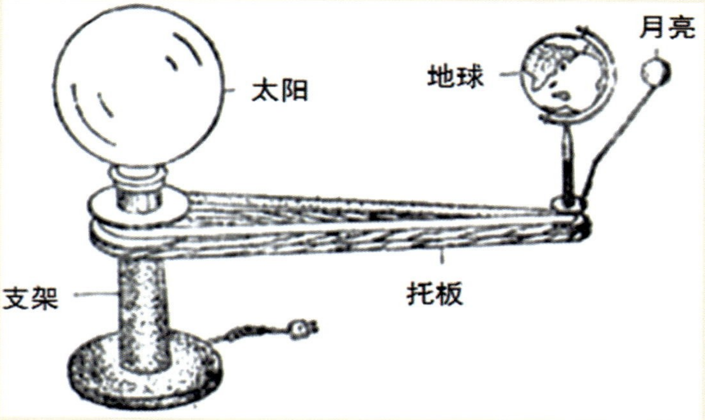

图17 三球仪示意图

【使用方法】

演示要求在遮光室内进行。用手连续推动托板，地球绕太阳公转，月亮绕地球旋转，可以看到月圆和月缺，当地球运行到太阳与月亮之间时，则形成月蚀；当月亮运行到太阳与地球之间时，则形成日蚀。

【作品展示】

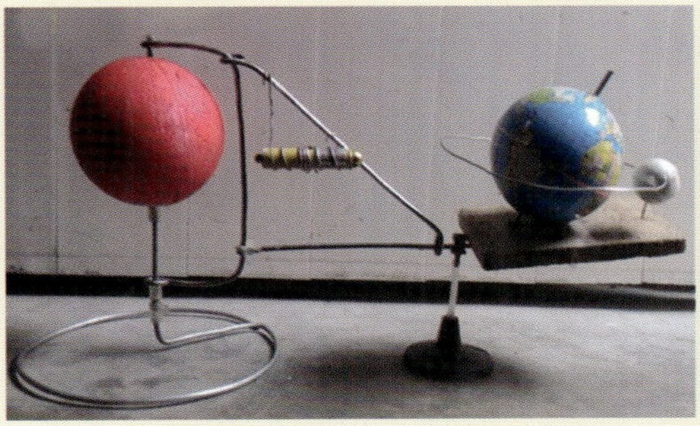

【可参考案例】

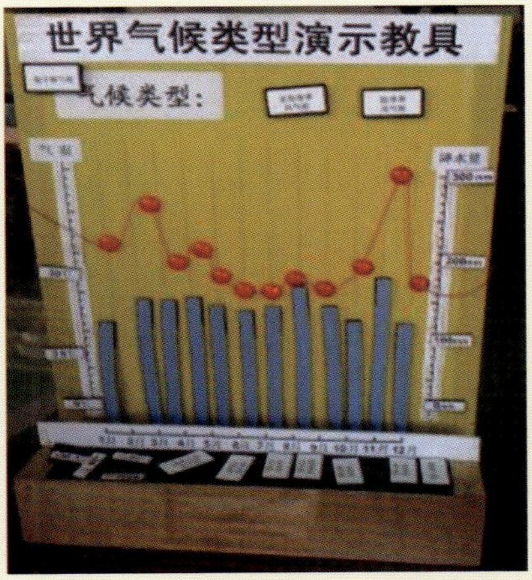

世界气候类型演示教具

教具名称：世界气候类型演示教具

主要制作材料：木板、铁皮、磁铁、布带　　　尺寸：长 50 cm，高 65 cm

说明：作品用 12 条可升降的兰色布带代表 12 个月份的降水，12 个可移动的红色磁铁代表 12 个月均温，后面带磁铁的 0 ℃、10 ℃、－10 ℃、20 ℃、－20℃、30 ℃ 等温度牌和 0 mm、100 mm、200 mm、300 mm 等降水量牌，以及热带雨林气候等 11 种气候类型牌，可以根据需要在演示教具中任意粘贴、移动或替换。

功能：“世界的气候”是地理科的重点、难点，复杂多变的气候类型和气温与降水特点让教师和学生都感到枯燥、头疼。该作品可以灵活地变化出各种类型的气温曲线和降水柱状图，既方便教师讲解，又方便学生练习，很好地突破了教学难点。内容丰富明了，操作简单有趣，制作科学精美。

三、优秀作品展示

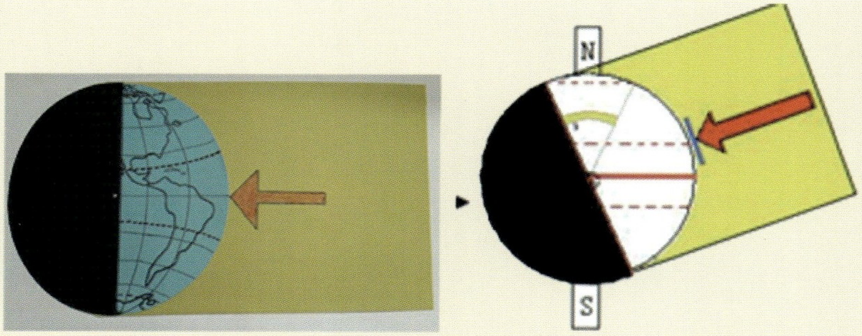

太阳直射点的移动和昼夜长短变化模型

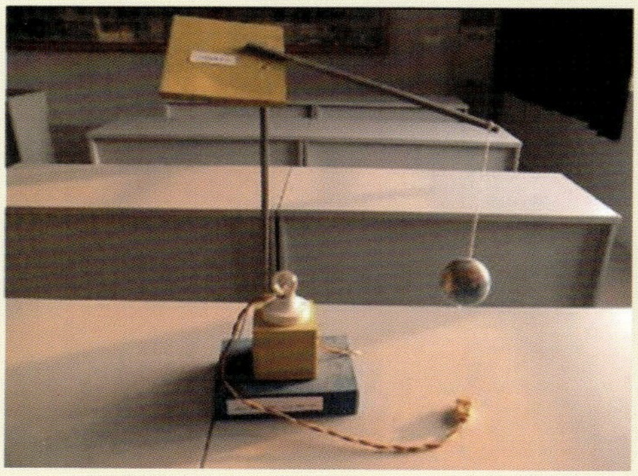

单臂悬挂式日球仪

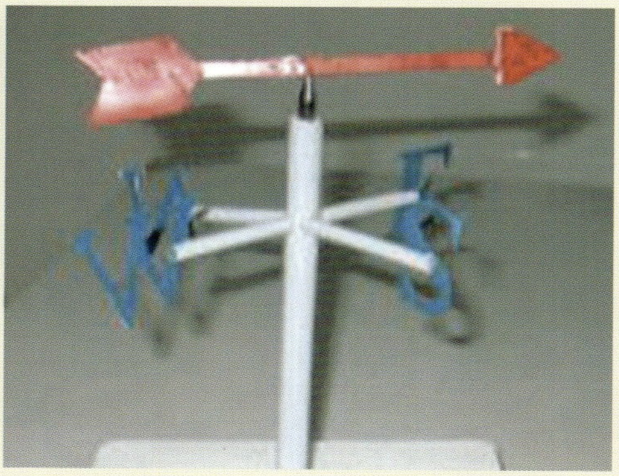

风向仪

风向仪

昼夜长短变化演示仪

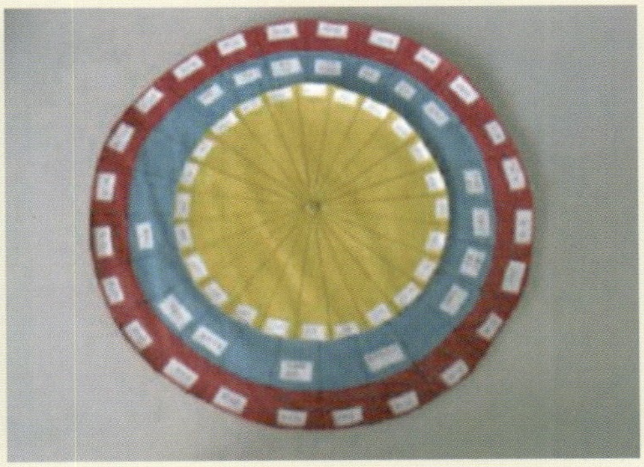

区时计算器

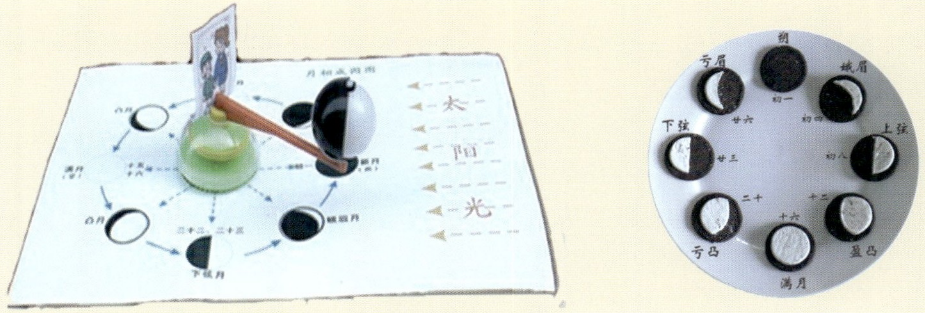

月相仪

地球仪

模块四　综合实践类

地理学是一门实践性和综合性很强的学科。这里的“地理实践活动”指的是立足乡土地理，以学生身边的自然和社会环境为实践场所，探究自然环境，分析经济社会活动，解决环境污染、经济发展等问题，从而树立人地和谐思想等的活动。

因为地理知识的高度概括，显得十分抽象和复杂，教师如果只凭借传统的讲授法讲解地理知识，学生是难以理解的。地理实践活动将理论知识放到自然、社会等真实情境来理解，赋予其新的内涵与意义，弥补了课堂讲授的不足，促使学生体验学习、拓展思维、提升能力。每一个学生都有自己的需要、兴趣和特长，都有自己的认知方式和学习方式，综合实践活动还适应了学生个性发展的需要和社会发展的需求。

例如，让学生动手操作地理实验来演示地理现象，揭示地理规律，使抽象变具体，不仅理解其中的科学道理，获得地理知识，还能够分析和解决问题，促进认知和情感等素养提升，发展地理实践力。或者通过地理野外观测、社会调查等，引导学生在真实情景中主动思考，增强学生社会实践体验，将实践中所获得的感性认识升华为理性认识，进而内化为个人发展所需能力，为终身发展奠定基础。此外，地理课本上有很多实践活动需要学生在教师的指导下去完成，进而验证课本上的理论知识。竺可祯先生早在《地理教学法之商榷》一文中就提出“地理讲授方法强调观察、实验法”“不能专恃教科书与地图，必须观察地形，实测气候”……

我们一方面要充分挖掘地理教材中的实践活动，如模拟实验、气象观测与天气预报、天文观测等，另一方面要积极开发乡土资源，因为乡土是学生自幼生活与成长的地方，学生感性认识强，同时，乡土又是学生日常活动所在，易于组织学生有效开展地理实践活动。乡土中的研究机构、展览馆、科技馆、天文台、工厂、农村等社会资源和阳光雨露、河流山川、地质地貌、天文气象、生物矿产等自然资源，为学生的实践活动提供了广阔的平台，是培养学生实践力的有效途径。

地理实践活动强调学习过程中深刻的、充实的、探究的经历和体验，通过亲近自然，认识自然，了解社会，拓展学生知识领域，培养学生的观察能力、实验能力和推理能力，掌握地理过程与方法，培养学生探究和解决地理问题的能力，同时，使学生树立对家乡和祖国未来发展的使命感，进而培养家国情怀。

我们开展的地理实践活动课程包括自然观测类、模拟实验类、野外考察类、社会调查类和研学旅行类等内容。

图 18　不同因素影响下的水土流失实验

图 19　风力的搬运作用实验

图 20　海陆热力差异实验

内容安排

综合实践是课堂活动的高阶形式，大家可以参照模块一去统筹安排。一般来说，七年级主要开展自然观测和模拟实验活动。因为七年级学生新接触地理，好奇好动，但是人生观、价值观等尚未形成，对日常行为规范、小组合作形式等不了解、不习惯，加上周一至周五全寄宿制的生活，使实践活动限于较小范围、较小难度、较短时间。

地理观测活动主要在校园内和校园附近开展，最长持续一年左右，如教学楼的光照观测、地理园中的气象观测、生物园和校园植物的物候观测、校园附近交通路口的车流量观测等。也有根据自然现象临时设定的短时观测，如日食、月食的观测，流星雨的观测，滑坡的观测等。地理实验活动，如阳光直射、斜射和气温高低的实验，褶皱断层实验，水的凝结与大气降水的实验，季风成因的实验，水土流失模拟实验等。教师需要根据生活环境和学生实情来选择和开发活动课题。

八年级主要开展社会调查和野外考察活动。活动地点可以适当放宽，社会调查的常见内容有人口调查、民族调查、地方风俗文化调查、工厂或商店等布局调查、开发区产业类型调查、某地名称的历史变迁调查等。还可以结合当地时事热点，新设一些社会调查，如某污染或灾害、禁摩、房地产、某工程或某事件等的调查。

野外考察的常见内容有某山地质构造考察，河流或湖泊的开发利用方式考察，水库选址区位条件考察，某地生态旅游开发建设考察，某区工、农、商业的布局及其原因考察等。

研学旅行有着明确的学习和教育目的，它可以是远距离长时间的市外、省外甚至国外旅行，也可以是近距离短时间的市内、镇内旅行；可以是自然风光的研学，也可以是人文景观的研学。通过身临其境的实地体验，感受祖国大好河山，感受中华传统美德，感受革命光荣历史，感受改革开放伟大成就，加深对地理现象、问题、过程的理解，培养学生的“研学”意识和地理实践力等。

活动步骤

综合实践活动的基本步骤为：准备活动—过程活动—评价活动，分教师和学生两方面，具体步骤见图 21。图中“设计方案和表格”，根据活动的内容，包括确定活动目标、细化活动任务、设计实验流程、调查问卷、考察路线及其

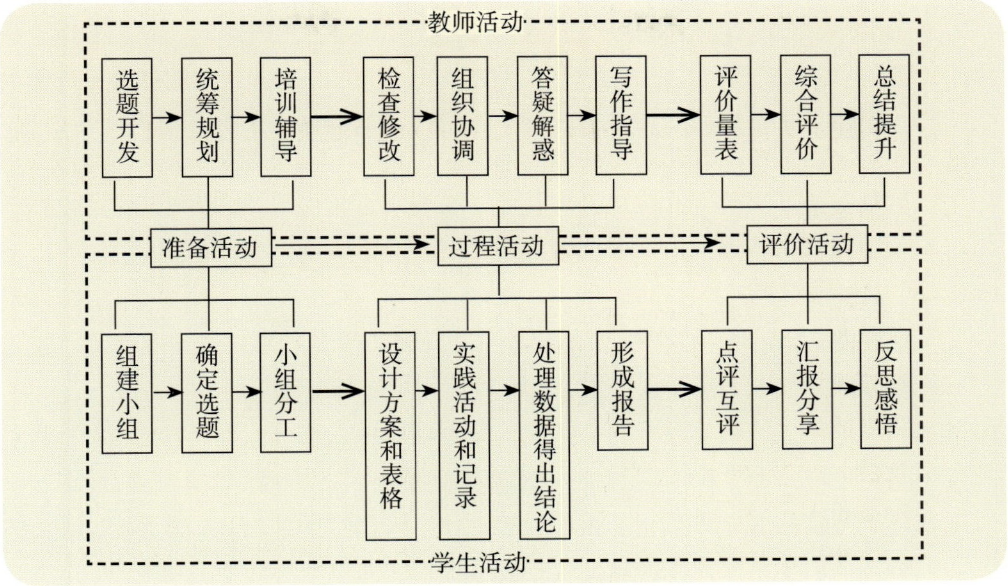

图 21　综合实践活动流程图

相关的各类记录表等。

注意事项：教师自始至终都起着重要的作用，从有针对性地开发各种选题，向学生明确活动目标，讲清楚活动任务，充分调动学生积极性，到方法的培训与指导，实践环节的修改完善，实践过程中的安全警示，实践报告的撰写，再到科学地评价，等等，都离不开教师的引导。

自然观测类

自然观测指利用观测设备、仪器和目力，对自然现象和自然要素进行观察或测定。它包括天文观测，如月相变化，日食、月食现象的观测，寻找北斗星、北极星及北极星附近的星座，观察行星、流星现象及一些特殊的天象等；气象观测，如观测气温、气压、温度、降水量、蒸发量、风向和风速、日照和云量等气象要素；地质观测，如野外地质观察与岩石标本的采集，土壤结构、质地、松紧度、酸碱度等的观测等；水文观测，如某河流或湖泊水体的温度、色度、浊度、pH 值、电导率、悬浮物、溶解氧、化学需氧量等水质观测等；工程观测，如黄土高原沟壑区水土流失严重地区的小流域综合治理工程，河流上修建的水库及其综合利用效益等的观测；等等。

一、活动目标

1. 通过持续地观察，了解地理事物的周期性规律变化，理解产生的原因或机理。

2. 培养通过观察法研究地理现象的基本技能，掌握科学的地理研究方法，提高运用所学知识分析问题和解决问题的能力。

3. 培养坚持不懈观察的毅力，热爱科学、寻求真理的科学态度和热心参与研讨，团结合作的团队意识，学习地理的兴趣。

二、活动案例

（一）月相观测

背景：月球是宇宙中距离地球最近的天体，是地球的一颗天然卫星，与地球的关系尤为密切。月相变化是与人类生产、生活密切相关的一种天体现象，我们计量时间的尺度，如我国的农历月，就是依据月相变化的周期规律而制定的。通过观察月亮圆缺的变化和月相变化的周期规律，帮助学生理解我国农历和月相之间的关系，帮助学生深刻理解月相产生的机理，为高中地理的学习奠定基础。

准备：罗盘、绘图纸、记录本、铅笔等。

步骤：

1. 观测前的培训：教师在活动前向学生讲清楚月相的基本知识，如月相、娥眉月、上弦月、下弦月、满月、新月等的概念，并将各个不同时期的月相图片展示给学生观看，使学生形成感性认识。解释月相的成因、月相变化的规律，利用月相确定地理方位等（见表4），并通过一些案例分析，进一步加深对月相知识的理解和提高学生的观测兴趣。指导学生使用罗盘，测量月亮的地平高度等，指导他们根据有关图表完成表5。

2. 任务安排：要求学生在观测的时间里准确绘出月相在空中某位的简图，并附上月相的名称；最后把观测到的月相粘贴在一起，组成一幅在农历一个月的日出前月相随日期而变化的动态图。

3. 分组分工：学生自由组合，成立“月相观测”小组，每个小组6人，并推荐一名学生为组长，明确每个成员的任务。

4. 观测过程：观测分为两个阶段，上半月的观测，即从月初到满月的月相观测，多在太阳刚下落的时候进行；下半月的观测，即从满月到月底的月相观测，多在太阳升起之前进行观测，让同学们根据所观测到的月相进行记录和描绘。

5. 绘制月相简图。

注意：

1. 月相观测持续的时间久，要从农历每月月初坚持到月底，时间长达一个月。教师可选择一个视野比较开阔的场地（如运动场），具体观测由学生自己在小组长的带领下进行，教师可进行场外辅导。

2. 教师必须提醒学生遵守纪律，尤其是在晚上观察不要干扰其他班级或同班同学的学习或休息，同时要注意安全。观察时要认真思考教师提出的问题，小组长可组织学生讨论，并整理记录，绘制简单图形。

表4　月相规律

月相名称	大致出现的时间	日、月、地三者位置关系	夜晚所见形状	同太阳出没比较	月出	月落
新月（朔或晦）	初一不可见	日、月、地三者在一条直线上，月球居中	不可见	同升同落	清晨	黄昏
上弦月	初七、初八上半夜	日、月、地三者呈直角，月球在太阳以东	半圆，见于西半部天空，月面朝西	迟升后落	正午	半夜
满月（望）	十五、十六通宵可见	日、月、地三者在一条直线上，地球居中	一轮明月东升西落	此起彼落	黄昏	清晨
下弦月	二十二、二十三下半夜	日、月、地三者呈直角，月球在太阳以西	半圆，见于东半部天空，月面朝东	先升先落	半夜	正午

结论：

上半月（从朔到望）月亮的月面朝西面，下半月（从望到朔）月亮的月面朝东面。月相变化规律：上弦月在西边天空，上半夜上弦月月面朝西（上西上上西）；下弦月在东边天空，下半夜下弦月月面朝东（下东下下东）。

表5 观察月相记录表

记录人：__________ 记录时间：____年____月____日

组　长：__________ 组　　员：__________________

月相	出没时间	观察时间（月、日、时）	观察时月亮的位置	观察时月亮的地平高度	观察时的月相
新月（初一前后）	6：00～18：00				
娥眉月（初四前后）	9：00～21：00				
上弦月（初七、初八）	12：00～24：00				
凸月（十一前后）	15：00～次日3：00				
满月（十五、六）	18：00～次日6：00				
凸月（二十前后）	21：00～次日12：00				
下弦月（二十二、二十三）	24：00～次日12：00				
娥眉月（二十六前后）	3：00～15：00				

（二）校园气象观测

背景：观测工作是气象工作的基础，气象科技活动要从气象观测开始。地面气象观测，就是从地面上用目力或仪器对大气状况进行观测了解的一项工作，是气象台站掌握当地实际天气情况的基本手段。其主要任务是准确、及时、连续地观测气温、湿度、气压、风、降水、蒸发、云、能见度、天气现象等项目及其变化情况，提供日常生产和生活所需要的天气实况，并且为制作天气预报和进行气候分析提供资料。因此，地面气象观测是气象工作的基础，是我们学习和掌握天气预报必须具备的基础知识。观测的目的是积累资料，了解当地的气候情况，为预报提供实况。

准备：百叶箱（内置温度计）、气压表、风速仪、雨量计、记录本、铅笔等。

步骤：

1. 观测前的培训：教师在活动前向学生讲清楚气象的基本知识，如气温、风向、风力、降水量、气压等的概念（考虑到学生的学习情况，本活动只观测以上 5 个内容）；教师讲解并演示各种地理观测仪器的使用方法，并列明要点；各小组模拟观测并完成表 6。

2. 任务安排：要求学生在观测的时间里准确观测并记录气温、风向、风力、降水和气压等数据。

3. 分组分工：学生自由组合，成立“气象观测”小组，每个小组 4 人，并推荐 1 名学生为组长兼任记录员，另设 1 名校对员和 2 名观测员。

4. 观测过程：学生在指定观测时间前 10 分钟到达地理园进行观测准备。由于北京时间 8 时、14 时、20 时正是上课或晚修时间，2 时是睡眠时间，为了不影响正常的学习与休息，观测时间设为一天三次，分别为北京时间 7:40、13:40、19:40；每次观测，2 名观测员先在室外读出百叶箱里的温度计读数，分别将气温报给校对员，如 2 人所报数据相同，转述给记录员做好记录；如 2 人所报数据不同，校对员再进行观测，与观测员商议后再报给记录员记录。

表 6　气象观测表

记录人：__________ 记录时间：____年____月____日

组　长：__________ 组　　员：__________________

观察地点：长安实验中学地理园			观测小组：第　　小组		
时刻（北京时间）	气温	风向	风力	降水量	气压
7: 40					
13: 40					
19: 40					

模拟实验类

地理模拟实验是使用一定实验器材及设备，人为地把所要学习的地理事物和地理现象及其变化过程表现出来，以获得和验证地理知识的方法，具有很强的直观性、探究性和实践性。以操作取代接受，以“观”现象取代“讲”现象，启发学生运用日常学习中知识并将其再现，帮助其更直观地了解学习内容的核心考察点，让学生不仅理解其中科学道理，获得地理知识，还能够分析和解决问题，促进认知和情感等素养提升，发展综合思维和地理实践力。

地理实验设计首先要坚持科学性，必须符合基本的地理科学知识，有科学实验的原理支撑，能有效控制与模拟地理现象和地理原理；其次是可行性，实验操作要简单，目的明确，步骤清晰，操作时间不宜过长（连续操作时间不超过 1 小时为宜）；再次是教育性，实验设计必须符合学生的认知特点，能够提高学生地理学习兴趣，促进认知发展；另外还应该有预设性，对实验可能的结果有预先的判断。

一、活动目标

1. 通过模拟展现地理事物和地理过程，理解和掌握地理表象下的地理原理和地理规律，分析地理要素之间的关系。

2. 培养从学习和生活中发现地理问题，收集和整理地理信息，地理观察、测量、实验和探究等能力。

3. 掌握各种实验的基本操作步骤，在实验中培养质疑与探究实证方法的精神和建构一般地理问题解决对策的模型。

4. 培养求真求实的科学态度，严谨细致的实验作风，不畏困难、坚韧不拔的精神品质，团结合作的团队意识。

5. 培养热爱祖国、热爱家乡的家国情感，树立正确的环境观、资源观、发展观，激发地理学习兴趣。

二、活动案例

（一）温室模拟实验和大气增温实验

原理：温室阻止了空气在室内外的热交换，从而使室内增温。太阳短波辐射通过大气之后到达地面，地面温度增高，然后，地面释放出长波辐射，大气吸收地面长波辐射而增温。

地点： 校篮球场。

环境： 阳光灿烂的一天。

准备： 两个等大的玻璃盘、两支温度计、四张长宽均为 4 厘米左右的同材料硬纸片、一个大的空矿泉水瓶，以及沙土、手表、剪刀、笔等。

步骤：

1. 用剪刀将矿泉水瓶拦腰剪断，用碗状的底部模拟“微型温室”；将四张硬纸片对折。

2. 将等量的沙土分别放入两个玻璃盘（A 盘和 B 盘），两张对折的硬纸片放在沙土上面，形成一个“简易支架”，把温度计搁在“支架”上面（见图 22）。

3. 将矿泉水瓶底部倒扣在其中一个盘（A 盘）中，注意矿泉水瓶不要触及温度计，这样就制成了“微型温室”。

4. 将两个盘及两支温度计并排放置在阳光下（如果没有阳光，可用白炽灯代替，但要模拟太阳的运动）。

5. 观察升温过程，每隔 1 小时观察一次温度计，并记录温度值，完成表 7。

预期结论：

1. 两支温度计显示的温度有所不同，A 盘温度计的数值高于 B 盘温度计的数值，而且随着时间的推移，两支温度计的温差加大，说明塑料瓶内的温度明显高于瓶外温度，塑料瓶起到了温室增温的效果。

2.14 时左右，两支温度计的数值达到最大。

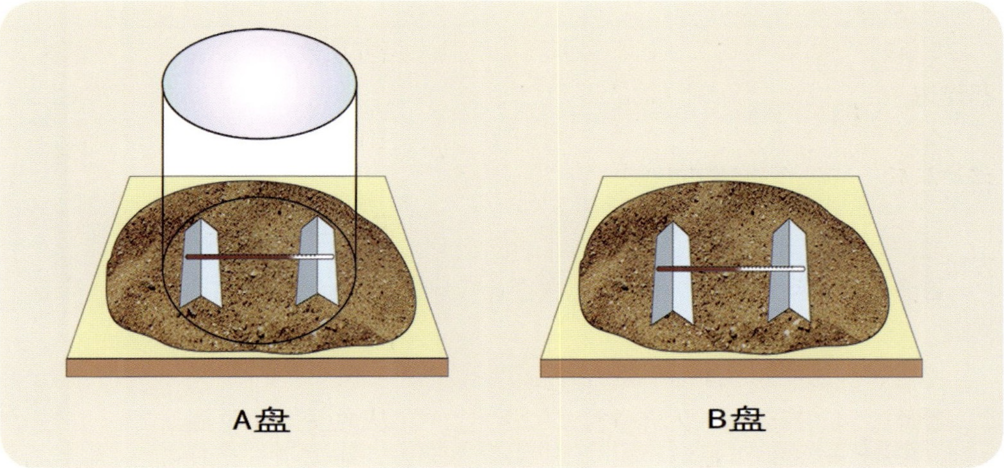

图 22 温室模拟实验和大气增温实验示意图

表7　温室模拟实验和大气增温实验记录表

记录人：__________ 记录时间：____年____月____日

组　长：__________ 组　　员：____________________

时　间	9时	10时	11时	12时	13时	14时	15时	16时	17时
“微型温室”内的气温(A盘)									
“微型温室”内的气温(B盘)									
室内外的温差									

通过观察实验你有什么结论?

你还有什么更好的设计方案?

（二）模拟海陆热力性质差异的实验

原理：海洋和陆地比热容不同。陆地比热容小，升温快，降温也快；海洋升温慢，降温也慢。

地点：教室内。

准备：两个等大的玻璃杯、两支温度计、一台100瓦的白炽灯，以及水、沙土、秒表、纸、笔等。

步骤：

1. 两个玻璃杯分别装入等量的水和沙土，并排放在一起（见图23）。

2. 把两支温度计有水银的一端分别插入水和沙土中。测量此时水和沙土的温度，并记录在表8中。

3. 用 100 瓦的白炽灯模拟太阳辐射，照射两个玻璃杯，观察温度的变化，每隔 5 分钟记录下两支温度计的数值。

4.30 分钟时，记录并标出沙土的温度，作为对照温度。然后移开装沙土的玻璃杯，单独照射装水的玻璃杯，仔细观察，当水温达到对照温度时，关掉白炽灯，记录下时间，算出水单独受热的时长。

5. 继续观察两支温度计数值的变化，并每隔 5 分钟记录一次。

6.30 分钟时，记录并标出沙土的温度，作为对照温度。仔细观察水温，当水温达到对照温度时，记录下时间，算出水持续散热的时长。

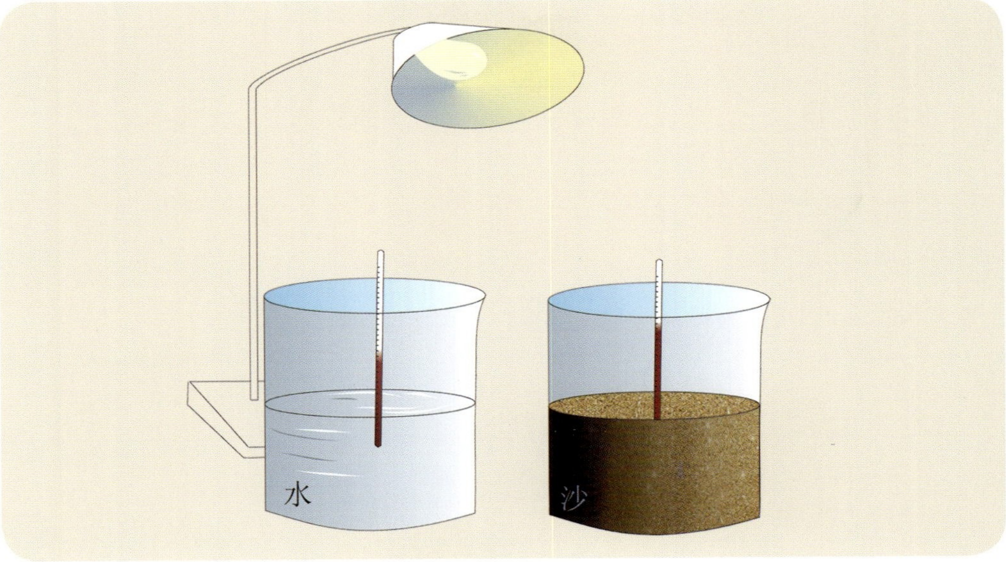

图 23 模拟海陆热力性质差异的实验示意图

预期结论：

1. 开灯前，水和沙土都在室温下，温度基本一样。

2. 开灯后，水的温度一直低于沙土的温度，说明水受热后，升温比沙土慢。

3. 对水单独加热一段时间后，其温度才达到沙土的温度，说明同等质量的水改变同样温度时需要吸收更多的热量（即水的比热容大，沙土的比热容小）。

4. 关灯后，水的温度高于沙土的温度，说明水降温比沙土慢。

表 8　模拟海陆热力性质差异的实验记录表

记录人：________ 记录时间：____年____月____日

组　长：________ 组　　员：______________

时　间							
开灯	水的温度						
	沙土的温度						（对照温度）

水单独加热____分钟后，温度与沙土的温度一致，都为____℃。

时　间							
关灯	水的温度						
	沙土的温度						（对照温度）

水单独放热____分钟后，温度与沙土的温度一致，都为____℃。

通过观察实验你有什么结论？

你还有什么更好的设计方案？

（三）风力作用；植被防风固沙、蓄水拦沙演示实验

原理：风力的搬运作用导致沙土的移动，森林、草地等植被能减小风力和风速，减缓沙土的移动，起到防风固沙、蓄水拦沙的作用。

地点：地理室。

准备：一台可变速的电风扇、两把洒水壶、一台水平秤、一把 5 米的卷尺、

一张平整木板（或塑料板、桌子）（长 80 厘米以上、宽 40 厘米以上），以及 1 千克干燥的细沙、1 千克干燥的粗沙、500 克面粉、若干塑料小树、一瓶 502 胶水、一块草皮（30 厘米 ×15 厘米）。

【风力的搬运实验】

步骤：

1. 实验前，清扫干净地面，以便实验时不混入其他沙土，使数据更准确。面粉模拟黄土，将细沙、粗沙和面粉混合均匀（以下称沙土）；将木板按长度分为两等份，画上中分线（见图 24）。

2. 将木板平放在两张等高的凳子上，把沙土平铺在木板左半边，注意不超过中分线；将风扇置于距木板左端约 50 厘米处，高度略低于木板，以风能吹拂到木板上的沙土为准。

3. 最小风力启动电扇，吹拂 5 分钟后关闭。观察和测量沙土的移动情况，记录到表 9 中。

4. 将吹散的沙土按面粉、细沙、粗沙三类聚拢、称重、记录，然后与没被吹散的沙土均匀混合，平整还原。换高一档风速启动电扇，吹拂 5 分钟后关闭，再次观察沙土的移动情况，记录到表 9 中。

5. 换不同风速吹拂，重复第（3）（4）步骤。注意要将沙土聚拢、平整、还原后再进行下一次实验。

预期结论：

1. 同等风力情况下，颗粒越小，移动的距离越长，数量越多。

2. 风力越大，搬运作用越明显。

图 24　风力的搬运作用实验示意图

表9　风力的搬运实验记录表

风力	吹拂时间（分钟）	沙土颗粒大小	沙土移动距离	移动沙土的数量	现象描述
0	0	均匀混合物	0	0	无风，沙土保持静止状态
1档		面粉			
		细沙			
		粗沙			
2档		面粉			
		细沙			
		粗沙			
3档		面粉			
		细沙			
		粗沙			

通过观察实验你有什么结论?

你还有什么更好的设计方案?

备注：

1. 风力以电扇的 0、1、2、3 档速度计。

2. 移动沙土的数量需先目测，定性区分黄土（面粉）、细沙和粗沙移动的多少，再分别聚拢、称重，并记录在表格中。

3. 现象描述主要记录在不同风力下，沙土移动的状态、速度、高度、距离等。

【森林的防风固沙实验】

步骤：

6. 将塑料小树用 502 胶水黏于木板左端泥沙的前缘（见图 25），重复步骤 3、4、5，用不同的风速实验在有森林阻挡下，风力对沙土的搬运情况。记录到表 10 中。

7. 在沙土的前半边覆盖上草皮，再次重复步骤 3、4、5，用不同的风速实验在有森林阻挡和草皮覆盖的情况下，风力对沙土的搬运情况。注意对比没被草皮覆盖的沙土的移动情况。记录到表 10 中。

图 25 森林的防风固沙实验示意图

预期结论：

1. 同等风力情况下，面粉、细沙、粗沙移动的距离和数量比没有森林、草皮覆盖的表 9 的数据要小。

2. 森林和草原具有减小风速风力和固定沙土的作用。

表 10　森林的防风固沙实验记录表

风力	吹拂时间（分钟）	沙土颗粒大小	沙土移动距离	移动沙土的数量	现象描述（注意与上表的比较）
1 档		面粉			
		细沙			
		粗沙			
2 档		面粉			
		细沙			
		粗沙			
3 档		面粉			
		细沙			
		粗沙			

通过观察实验你有什么结论？

你还有什么更好的设计方案？

【草地的蓄水拦沙实验】

步骤：

8. 将木板按宽度等分为上下两份，把沙土也等分成上下两堆，平铺在木板上，中间用 502 胶水黏塑料条分隔开，A 堆沙土为裸露的沙土，B 堆沙土上面覆盖好草皮。见图 26。

9. 在远离沙土一侧的木板下方，放两个接水盆（直径约 15 厘米），分别承接经过 A 沙土和 B 沙土渗透下来的水流。

10. 将分别装有 500 毫升清水的两个洒水壶，分别从 A、B 沙土的上方处均匀洒水几分钟。观察木板右半边的水流情况；待水流尽，把接水盆里的水倒入量筒，摇动均匀，观察颜色、悬浮物的情况、沉淀情况等，做好记录；再测量水和沙的含量，记录到表 11 中；最后把沉淀下来的泥沙倒回各自的沙堆，混合均匀。

11. 在其中一张凳子下面垫砖头，待凳子平稳后，把木板放上去，约呈 15°的倾斜角度，模拟坡度。重复步骤 10。

12. 在凳子下再多垫两块砖头，加大木板的倾斜度，到约 30°，重复步骤 10。

13. 观察和分析接水盆里最后的水量和含沙量。

图 26　草地的蓄水拦沙实验示意图

预期结论：

1. 同样的坡度下，裸露沙土比草皮覆盖沙土的水流流量大，流速快，含沙量大。A 接水盆比 B 接水盆里的水量大、含沙量多、浑浊。

2. 坡度越大，水流的流量越大，流速越快，含沙量越大。

表11　草地的蓄水拦沙实验记录表

坡度	洒水时间（分钟）	沙土情况	水流情况			接水盆情况		
			流量	流速	含沙量	状态	水量	泥沙量
0°		A 裸露的沙土						
		B 草皮覆盖的沙土						
15°		A 裸露的沙土						
		B 草皮覆盖的沙土						
30°		A 裸露的沙土						
		B 草皮覆盖的沙土						

通过观察实验你有什么结论?

你还有什么更好的设计方案?

备注：

1. 水流情况需要定性描述流量的形状与大小、流速、含沙量的多少和颗粒的大小，注意 A 沙堆和 B 沙堆的差别。

2. 接水盆情况需要倒入量筒先定性描述出水和沙的状态，包括颜色、悬浮物的情况、沉淀情况等。再定量测出水沙混合物的多少，等混合物静止和泥沙沉积后，测出沙的多少。

3. 可以根据需要，进一步实验，换更大孔径的洒水头，逐渐增大洒水量，模拟大小不同的降水强度，重复步骤 10，实验“坡度相同时，降水强度对水土流失的影响”。

4. 可以根据需要，改变自变量，如植被的茂密程度、沙土的土质结构等进一步实验。

（四）季风的成因演示实验

原理：海陆热力性质差异导致风向有规律变化。夏季时，陆地升温快，气温高于海洋，因而在陆地形成低气压，海洋形成高气压，风由海洋吹向陆地；冬季时，陆地降温快于海洋，陆地气温比海洋低，所以在陆地上形成高气压，海洋上形成低气压，所以陆地上的气压高于海洋上的气压，大气压力使得风由陆地吹向海洋。

准备：一束香、电炉子、盛有冰块的小盘、大型的玻璃缸、板盖等。

步骤：

1. 在玻璃缸的左端写上“陆地”两字，右端写上“海洋”两字。

2. 点燃香，放入玻璃缸的中央，盖上板盖，观察烟气的飘移方向。记录到表 12 中。

3. 模拟夏季，打开板盖，把盛有冰块的小盘放置在玻璃缸的右端“海洋”下方，把已经通电几分钟的热电炉放置在玻璃缸的左端“陆地”下方，盖上板盖，观察烟气的飘移方向。记录到表 12 中。

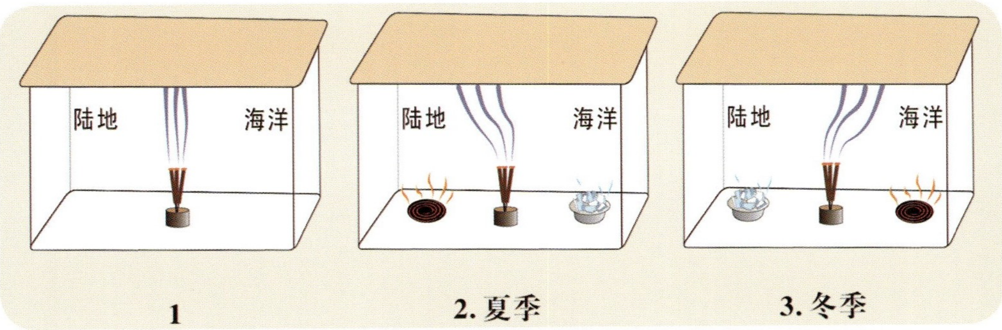

图 27　季风的成因演示实验示意图

4. 模拟冬季，打开板盖，把盛有冰块的小盘和电炉交换位置后，观察烟的飘移方向。记录到表 12 中。

预期结论：

1. 步骤 2，在玻璃缸里没有温差时，烟气基本是笔直向上的。

2. 步骤 3，夏季时，烟气从“海洋”方飘往“陆地”方。

3. 步骤 4，冬季时，烟气从“陆地”方飘往“海洋”方。

表 12　季风的成因演示实验记录表

	烟气漂移方向	成因分析	生活实例
步骤 2			
步骤 3			
步骤 4			

通过观察实验你有什么结论?

你还有什么更好的设计方案?

【做一做】

自制葡萄干

实验目的：运用新疆制作葡萄干的原理和方法尝试制作葡萄干，通过观察记录葡萄变化的过程，了解东莞和新疆气候的差异，以及气候差异对葡萄干制作的影响。

材料准备：市场上购买新鲜的新疆葡萄 500 克。

制作方法：悬挂在太阳晒不到的地方，要求通风，阴干。

制作时间：30 天。

实验评价：带到学校，大家品尝。根据观察记录表和最后制作出的葡萄干的重量和质量，评出优秀作品。

过程记录：……

表 13　自制葡萄干记录表

日期	观察现象记录			
	气温	湿度	风力	葡萄情况
月　日				
月　日				
月　日				
……				
结论				

注意：每天在一个固定的时间测量和记录上表，最后一天对制作好的葡萄干进行称重，并记录在结论里面。结论需要阐述气候因素对葡萄干制作产生的影响。

思考：除了这些气候因素，我们还可以借助什么方法来快速地制作优质葡萄干？

野外考察类

野外考察主要是指学生对地理环境及其组成要素的直接观察，一般包括地质地貌、气象物候、土壤水文等自然地理要素的专项观察与区域自然地理环境的综合观察；还包括农业、工业、交通等人文地理要素的综合观察。

地理野外考察通过真实情境的体验，地理工具的使用，地理方法的选择，小组的合作探究，从发现问题到提出问题再到解决问题，学生将理性知识与感性知识相结合，促进了学生地理观察观测能力的提升，培养学生获取与迁移地理信息的意识及能力，学会从地理的视角分析和解决问题。

例如，自然地理野外考察，学生能够运用遥感影像、互动地图定位、海拔相机 App 等地理信息技术和罗盘、地质锤、削刮器等地理工具，对地貌、土壤等自然要素和相关现象，进行观察、识别、描述、解释；能够观察比较不同区域的特点，掌握归纳区域特点的方法；能够在野外观察、测量和分析地质地貌的基本形态，推断其形成过程。

野外考察作为科学探究活动的一种独特形式，深受学生喜爱。在教师的带领下，将课堂搬到教室外，走进大自然，融入社会，构建了一种开放、生动、自主、合作的学习方式，是课堂教学的延续、印证、检验和补充，改变了学生以单纯地接受教师传授知识为主的学习方式，提供了多渠道获取知识的机会，是沟通地理知识理论与实践的桥梁，是乡土地理教育与素质教育的有效手段。

一、活动目标

1. 通过野外考察，切身感受并实际认识考察区域特有的地形、地质、植被、水文、气候、土壤等基本特征及其分布规律，并分析其成因。

2. 结合实际应用，验证课堂教学所学到的理论和知识，加深和巩固对教材内容的理解，将理论知识与实践相结合，培养实践能力。

3. 初步掌握一些野外自然地理研究的方法和技能，包括资料的搜集、工具的使用、野外观测记录、标本的采集、资料综合分析整理、撰写野外考察报告等。

4. 培养仔细观察自然地理要素的主要特征，学会分析有关现象、特征形成的原因；初步具备观察和分析地理现象相互联系、相互制约的能力。

5. 培养求是认真的工作作风和科学态度，以及吃苦耐劳、严守纪律、团结协助的团队精神。

6. 增强热爱家乡的热情和学习地理的兴趣，树立正确的资源观、环境观和发展观。

二、活动案例

（一）莲花山野外考察

【考察背景】

长安镇莲花山地处广东省东莞市南部、珠江口的东北部、珠江三角洲开发区的中心地带，位于长安莲花山郊野公园内，长安莲花山脉连绵十余千米，与西北的虎门石洞森林公园、东北的大岭山森林公园绵延成片。其主峰海拔 513 米，主峰上分为东、西、北三个山峰，三个山峰自然组合成莲花状，故名为莲花山。

长安莲花山郊野公园具有优越的自然地理条件，温润适宜的空间气候，快速便捷的入山通道，尽兴饱览长安镇全貌。山区主体植被覆盖率达 90%，山上林木苍翠、流水潺潺、鸟语花香、四季如春；山麓银湖如缎，草坡绸织，湖光山色，环境幽静，人文荟萃。山麓东西两侧有莲花山庄会议度假旅游中心，长安高尔夫球乡村俱乐部，东面有鹭鸟天堂，山腰有莲花古寺 ，是休闲疗养、健身娱乐、生态观光、宗教朝拜的理想去处。

长安实验中学创办于 2001 年，正值长安经济和教育迅速发展之时，选址在幽静优美的长安镇郊的莲花山脚下，占地 170 多亩，正门离莲花山郊野公园的莲花山庄入口不足 2 千米，离莲花山郊野公园的锦厦公墓入口 800 余米。在校园内的任意角落都可以清楚远眺莲花山主峰。

【考察项目】

1. 地形组：观察莲花山山体不同部位（山脊、山谷、山顶、鞍部、陡坡、缓坡、陡崖）、莲花山水库的形态，理解对应的等高线图。

2. 植被组：观察莲花山不同海拔、不同坡向坡度、不同山体部位的气温差异，植被的种类、分层、疏密等差异，分析原因。

3. 市场组：观察山下士多店、山顶小卖部、停车场、休憩亭、观景台的选址及其来往人员的构成，分析原因。

4. 人文组：观察莲花古寺、莲花山庄会议度假旅游中心，高尔夫乡村俱乐部等建筑的选址，分析选址原因及其和周围地理事物与环境可能存在的冲突，提出解决问题的可行性建议。

5. 地质组：观察莲花山的岩石、土壤情况，土地利用类型，了解其原因，分析对生产、生活的影响。

6. 旅游组：观察鹭鸟天堂中鹭鸟情况，通过考察、访谈，开发和设计莲花山地区的旅游资源和旅游线路。

【考察准备】

1. 分组，以 5 人为一小组，熟悉本组考察项目，商定各组员的具体分工。

2. 熟悉与考察项目有关的知识，查找和学习莲花山的相关资料，整理在卡片或手机上，以便野外使用。设计好调查问卷，记录表格等。

3. 熟悉莲花山景区地图，制定考察线路和考察点位置。

4. 了解各种仪器和软件的使用方法。

5. 安全教育，严格的组织性和纪律性是保证这次考察任务完成的重要因素，认真熟读本文。

6. 塑料袋、指南针、小铁锤、小铁锹、标本袋、标签、胶布、记录本、海拔测量仪（或者海拔表、带海拔测量 App 的手机）、常用药品（如风油精、创口贴、藿香正气水等）、干粮、水壶等。

【考察要求】

1. 全部学生带好行李（特别注意带好手机或对讲机，方便随时联系），统一从学校正门步行出发，从莲花山庄入口进，到半山腰后从东径上山，注意安全，听从指挥，不乱扔垃圾。

2. 同组人员分工合作，集体进退，不单独行动。组长要不定时清点人数。

3. 沿途所花费时间和到考察点停留时间，各小组视考察进度自行规定。

4. 在组长的带领下，根据本组的考察项目和要求，进行有针对性的考察，注意拍照留念和做好记录。

5. 采集标本时，首先要注意采自新鲜面，有代表性，且尽量保持原状，其次要立即编号（贴标签到标本一角），并在记录本上写明相应的标本号（见表 14）。

表 14　标本采集记录表

名称		编号	
地点			
采集部位			
采集人		采集时间	
地貌景观图片与描述		标本特征与成因分析	

6. 每到一处，都遵循先看再想后问的原则，认真看介绍说明了什么，看地理位置在哪里，看有何特色；再仔细想为什么这样，这样有什么好处；最后有疑惑就细细询问周边的人员，或者用手机上网搜索。注意整个过程要体现团队合作，充分发挥集体的智慧。

7. 全部学生统一时间在西径主峰观景平台大集合，边野餐边听各小组长的小结，老师点评和指导。

8. 全部学生和老师一起从西径下山，沿途边听各组的考察汇报和老师的讲解。

9. 一天完成野外考察。

10. 小组合作完成考察报告，展示分享，组间评价，老师评价。

【考察步骤】

1. **考察点 1：**莲花山水库、莲花山庄、东莞高尔夫球乡村俱乐部。

学校正门出发，走莲湖路，经机电工程学校 → 东莞高尔夫球乡村俱乐部 → 莲花山水库 → 莲花山庄会议度假旅游中心。

主要内容：在地图上找出上述地点的具体位置和大致范围；观察莲花山水库的地形、水源补给情况，测量其海拔；观察莲花山庄的周边环境，分析莲花山庄会议度假旅游中心曾多次接待党和国家的领导人、社会知名人士、名商巨贾等的原因。

2. **考察点 2**：停车场、士多店、莲花古寺、休憩亭 1。

从莲花山庄入口上山，经长安郊野公园停车场 → 士多店 → 莲花古寺 → 休憩亭。

主要内容：观察驾车来登山的人员情况；考察士多店售卖的主要商品、价格、销量及其购买人群；观察莲花古寺的主要建筑，膜拜者的情况（如男女比例，年龄组成，与谁结伴还是独自一人，自带香火还是随意朝拜，等等）；测量休憩亭 1 的海拔，观察其选址，分析原因。

3. **考察点 3**：东径沿途、观景台 1、鹭鸟天堂、山顶小卖部。

从休憩亭 1 开始，沿东径登台阶上山，经景区休憩亭 2、3 → 观景台 1 → 鹭鸟天堂→ 保安亭 →山顶小卖部。

主要内容：观察沿路遇见的登山者，可与一些登山者攀谈，了解其年龄、职业、登山目的、登山频率、登山感受等；观察沿途的植被，采摘标本，注意编号，并注明采摘点的海拔、坡向等情况；测量观景台 1 的海拔、气温、气压，观察其选址，远眺莲花山庄和高尔夫球场，全局观察其周围环境；考察鹭鸟天堂中鹭鸟情况；考察山顶小卖部售卖的主要商品、价格、销量及商品上山的方式等，与山下士多店对比。

4. **考察点 4**： 东径主峰观景平台、西径主峰观景平台。

从山顶小卖部开始，上东径主峰观景平台 → 鞍部 → 西径主峰观景平台。

主要内容：测量东径和西径主峰观景平台的海拔、气温，观察其选址；远眺长安、虎门、深圳、香港，辨识方位；观察两个观景平台中间线路的设计；观察山顶的植被情况。

5. **考察点 5**：西径沿途。

所有学生从西径主峰观景平台走西径下山，回到长安实验中学。

主要内容：沿途观察地形、植被等，边听各组的考察汇报和老师的讲解。

图 28　长安莲花山野外考察路线图

（二）茅洲河情况考察

【考察背景】

茅洲河，珠江三角洲水系，发源于深圳，干流全长 41.61 千米，其中下游的 11.68 千米河段是深圳宝安区与东莞市长安镇的界河（长安称之为“东宝河”），最终在沙井民主村伶仃洋东岸入海，流域总面积 388.23 平方千米，其中东莞 77.38 平方千米（占 19.9%）。

这条连接珠江三角洲两个现代化城市深圳与东莞的界河，现在被称为“黑水河”“城市的刀疤”。可在 20 余年前，茅洲河两岸鱼塘相连，稻田飘香。从 20 世纪 90 年代开始，两岸的企业渐渐多了起来：电镀厂、五金厂、塑胶厂、养鸡场、养猪场开始聚集；两岸的居民也多了起来，生活污水甚至是化粪池的污物直接排入河渠。茅洲河和它的支流成了排污河，河水渐渐变黑，水面油层逐渐变厚。据两岸居民回忆，茅洲河由清到黑仅用了十余年的时间。

位于两个城市的边缘、都市的“死角”，在深莞两市大力开展产业转型升级的大背景下，茅洲河流域的不少企业却依然走着粗放发展的道路，一些企业甚至从市区转入这个“边缘”，以求逃过转型的压力。同样，因为“边缘”，茅洲河的黑臭问题也一度没有引起当地人们足够的重视。

2014 年，省人大审议通过《关于加强广佛跨界河流、深莞茅洲河、汕揭练江、湛茂小东江污染整治的决议》，要求茅洲河 2017 年年底前基本达到 V 类水质，2020 年年底前基本达到 IV 类水质。茅洲河界河段综合整治工程被列为珠三角地区实现“四年大发展”目标的十大工程之一和界河治理的示范工程。作为茅洲河综合治理工程东莞具体实施方的长安镇，2014 年年底开始规划和启动茅洲河综合整治五大类工程共 16 个重点项目，对茅洲河流域的人民涌、塘下涌、三八河、长青渠、新民涌、霄边排渠、陈蔡涌、东引运河长安段等 8 条内河涌进行综合整治。

长安实验中学位于长青北路尽头，长青北路底下就是茅洲河的一条支流——长青渠，附近还有霄边渠、龙涌等，基本都是暗渠，无法考察。其他内河涌也以暗渠为主，只有与茅洲河干流交汇处才有渠口露出。

人民涌发端于长安乌沙社区，经新民社区流入茅洲河，总长约 3.312 千米，其中，上游为暗渠，长约 1.458 千米；下游为明渠，长约 1.854 千米，宽约 10 ~ 30 米，沿途经过大片工业区和生活区，工业废水和生活污水排入，造成河涌污染严重。塘下涌属东莞与深圳的跨界河涌，北起深圳塘下涌村公凹山，南至茅洲河，流经深圳松岗街道塘下涌和长安涌头社区。河涌总长 5.07 千米（长安境内 3.75 千米），全部为明渠。这是污染最严重的两条直排茅洲河的内河涌，所以选它们的下游作为考察点。

【考察项目】

1. 企业组：考察沿途的工厂数量、种类、分布和废水排放情况，特别是电镀、线路板、塑胶、印染等重污染企业。

2. 治污组：考察沿途的畜禽养殖业、养殖窝棚、垃圾堆放点、垃圾填埋场、排污口等分布情况。

3. 工程组：考察沿途的环境综合整治工程建筑，如截污管网、河道清淤、调水补水、废水处理站、排涝站等。

4. 水文组：考察人民涌和塘下涌下游明渠及其与茅洲河交汇处的河流水文情况。

【考察准备】

1. 分组，以 8 人为一小组，两两结对，熟悉本组考察项目，商定各组员的具体分工。

2. 熟悉与考察项目有关的知识，查找和学习茅洲河及其综合整治的相关资料，整理在卡片或手机上，以便野外使用。设计好调查问卷和记录表格等。

3. 熟悉考察区地图，先在地图上查找工厂、畜禽养殖业、整治工程等的分布情况，并做好标注。

4. 掌握河流水质观察和测量的基本方法。

5. 安全教育，严格的组织性和纪律性是保证这次考察任务完成的重要因素，认真熟读本文。

6. 水、pH 试纸、温度计、杯子、白纸、记录本、干粮、水壶等。

【考察要求】

1. 带队老师提前多次到实地考察，确定考察路线和考察点位置，联系好参观单位的接待与讲解，联系好校车全程接送。

2. 全部学生穿校服，配带校卡，统一乘车，按组就坐，组长清点人数和行李。注意安全，听从指挥，不追逐打闹，不乱扔垃圾。

3. 统一行动时，要紧跟带队老师和工作人员，听从工作人员安排，认真听讲，积极思考，礼貌询问，并做好笔记。

4. 分组行动时，同组人员要集体行动，分工合作，在组长的带领下，根据本组的考察项目和要求，进行有针对性的考察。访谈时要注意文明礼仪，做好记录和拍照留念。组长要不定时清点人数。

5. 野外考察完毕，小组合作整理资料，完成考察报告，展示分享，组间评价，老师评价。

【考察步骤】

考察点 1：涌头排涝站，塘下涌、东宝河桥段的茅洲河。

早上 7:30 在学校正门乘坐同一辆校车，从长安实验中学正门 → 长青北路 → 长青南路 → S358 省道 → 沿海路 → 海怡路 →涌头排涝站，大约上午 8:30 全部学生在工作人员的带领下参观和考察涌头排涝站。

参观完毕，分组行动，步行到东宝河桥，各小组边沿途考察本组项目，水文组沿塘下涌河边步行，考察和记录水质情况，完成表 15。

11:30 全部学生在塘下涌与茅洲河交汇处集合上车。在车上，各组简单汇报和解决午餐。

考察点 2：新民工业区、人民涌、新安大桥段的茅洲河。

乘车从东宝河桥 →宝安大道 → 塘下涌立交→ 振安东路 → 兴一路 →新民工业区，下午 13:00 全部学生参观新民工业区。

参观完毕，分组行动，步行到新安大桥，各小组边沿途考察本组项目，水文组沿人民涌河边步行，考察和记录水质情况，完成表 15。

17:00 全部学生在人民涌与茅洲河交汇处集合，共同观察茅洲河水文情况。

17:30 全部学生乘车返回。

表 15　茅洲河观测记录单

日　期：__________　记录时间：____年____月____日

记录人：__________　考 察 人：__________________

河流名称		河流地点	
水流流速	静止（　）　极慢（　）　缓慢（　）　较慢（　）　较快（　） 描述：		
颜色	无色（　）　浅黄色（　）　绿色（　）　棕色（　）　黑色（　） 描述：		
浊度	能见度在河面下（　）厘米 描述：		
气味	无气味（　）　微弱臭味（　）　中度臭味（　）　强烈臭味（　） 描述：		
漂浮物	没有（　）　少量（　）　较多（　）　很多（　） 描述：		
水中生物	没有（　）　少量（　）　较多（　）　很多（　） 描述：		
pH 值			
沿岸环境	工厂： 住宅：	农田： 其他：	
评价			

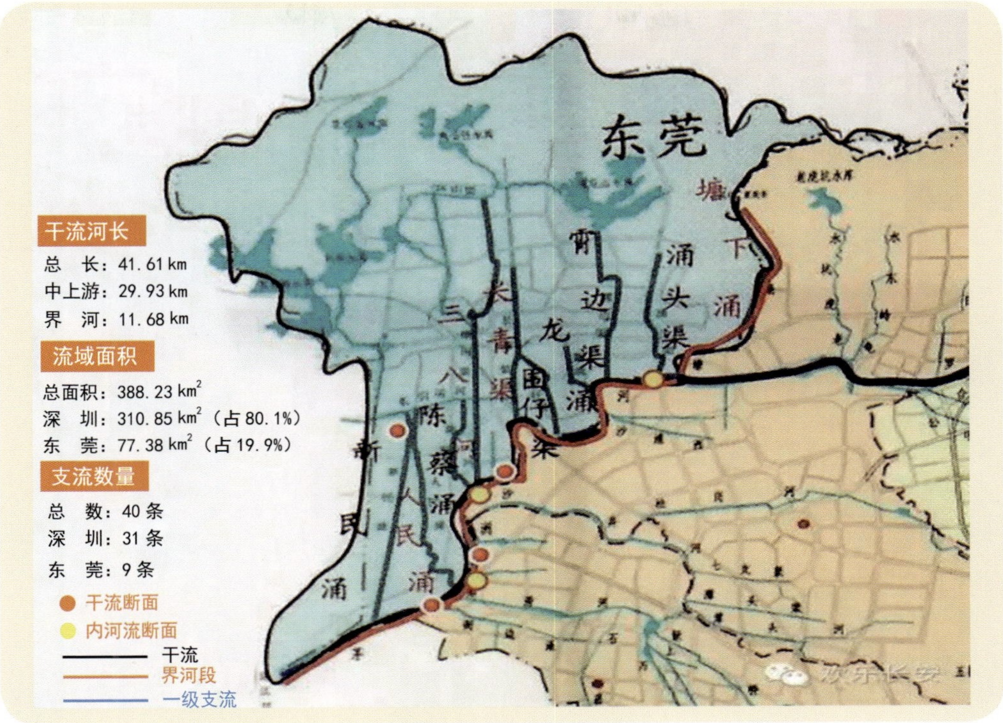

图 29　茅洲河及其支流分布图

【做一做】

“某区域土地利用”考察活动

活动目的：通过对某工业开发区（或某公园、某社区）用地类型、设施布局等的考察，尝试分析区位因素（自然、经济、交通等）对土地利用的影响；提高在生活中判断方向、使用地图、测量土地等实践技能；培养关注家乡的经济发展，热爱家乡的情感。

活动要求：收集和整理相关图文资料；设计考察方案、记录表等；实地考察、测量；提交活动照片、考察报告。

活动组织：自行组队，每组 5 人，自己挑选地点，形成考察方案后交老师审查和修改，自己组织完成。

社会调查类

社会调查是指学生基于自身兴趣和经验，在教师指导下，从社会和学生自身生活中选择和确定调查主题，明确调查目的，运用科学的调查方法，如问卷法、文献法、访谈法、观察法等，对所开展的社会信息进行收集调查研究活动。如对社会的某些或某个人、事件、单位所做的思想、行动等的调查，或对某一特定地区的地理环境以及人与地理环境的关系等，进行的有计划的、深入的了解和分析研究，等等。

社会调查能力是地理实践力的重要组成部分。陶行知先生提到“社会即学校”，突出体现地理教学与社会生活的紧密联系，如在“三峡库区移民”问题调查中，学生自主合作设计方案，搜寻该区域统计信息及发展规划，进而参与调查，并对相关问题及成因作出简要解释，有理有据提出可行性策略，调查结束后，撰写调查报告并展开交流评价，整个活动把科学世界和生活世界联系起来。

一、活动目标

1. 通过调查了解具体的国情、省情、域情等知识，能认清形势，能学以致用。
2. 培养社会责任感，树立正确的人口观、环境观、资源观、价值观等。
3. 初步学会观察、询问、问卷、测量等调查方法。
4. 学会收集、处理和分析数据等科学有效的方法，形成科学的思维习惯。

二、活动案例

（一）长安实验中学校内用电情况调查

【调查背景】

经济的增长与能源的短缺是当今社会的一大问题，学生是未来社会的主人，虽然说“节能减排”的口号学生耳熟能详，但仍有部分学生存在浪费水、电、粮等行为，故考虑让学生运用自己学过的知识对校园的用电情况进行调查研究，让学生了解本校的用电情况，牢固树立“节能减排”的意识，养成爱护环境，珍惜有限资源的生活习惯。

【调查准备】

1. 明确调查目的，确定调查内容、调查对象和调查方法。

2. 分5个小组，分别是教学楼组、科学楼组、行政楼组、宿舍楼组、食堂组，选出组长，明确组员分工。

3. 设计调查表格、调查问卷，准备调查工具。

【调查步骤】

1. 上网收集我国、我市、我镇当前用电形势。

2. 到总务处收集我校年用电量，教学区、宿舍区等各区、各楼的用电量。

3. 统计每室（教室、办公室、功能室、食堂、宿舍）的电灯、电扇、空调、电脑等电器数量及其额定功率，观察工作时长。完成表 16。

4. 统计出各楼的电灯、电扇、空调等的总数量、总功率、总的工作时间。完成表 17。

5. 调查同学们对学校用电情况的思想认识情况。完成表 18。

6. 调查同学们平时不良的用电习惯。完成表 19。

7. 数据统计、处理与分析。

8. 撰写调查报告，提出整改意见。

表 16 ____________楼用电情况调查表

记录人：__________ 记录时间：____年____月____日 调查地点：____

组　长：__________ 组　　员：____________________

名称	功率	数量	每天通电时长	总功率	备注
日光灯管					
风扇					
空调					
饮水机					
电脑					
……					
合计					

结论：________楼，共有房间________间，每间总功率__________，合计整个______楼的每天用电__________，每个月用电__________。

表 17　长安实验中学照明情况统计表

	数量（间）	灯管数量（支）	灯管总量（支）	灯管总额定功率（瓦）	平均每天使用时间	平均每天耗电量（度）
教室						
办公室						
功能室						
食堂						
学生宿舍						

表 18　同学们的思想认识情况调查问卷

下列观点中哪一种最符合你的实际？请在对应的空格内打“√”。

1. 你是否了解每 1 度居民用电收多少钱？	是	
	否	
2. 你是否了解我校每月的用电支出？	是	
	否	
3. 你是否知道每 1 度电需耗多少克标准煤？	是	
	否	
4. 你认为我国主要的发电形式是哪种？你了解我国的能源现状吗？	火力发电	
	水力发电	
	风力发电	

（续表）

5. 你能数出火力发电的多少种弊端?	1 ～ 2 种	
	3 ～ 4 种	
	5 种以上	
6. 你了解错峰用电、谷峰电价吗？	完全不了解	
	了解小部分	
	很了解	
7. 你有随手关灯和关电器的习惯吗？	从不	
	偶尔	
	常常	
8. 你平时注意节约用电吗？	不注意	
	注意	
	非常注意	
9. 你家长或老师教育过你要节约用电吗？	从没有	
	教育过几次	
	经常教育	

表 19　同学们平时用电习惯的调查

你觉得下列浪费现象在我校存在的情况符合哪个选项，请在空格内打“√”。

	从不	偶尔	经常
1. 自然光足够充足时，照明灯管仍大开。			
2. 在凉爽时，大开风扇。			
3. 没人或少人时，风扇或灯管等仍大开。			
4. 使用空调时，未关紧窗户。			
5. 电脑不用时，仍不关机。			
6. 楼梯、过道等处灯光长明。			
7. 下课时，投影仪仍然工作。			

【做一做】

家庭用水情况调查

水是生命之源，我国人均水资源仅为世界平均水平的1/4，一方面水资源供应相当紧张，缺水严重；另一方面却是水资源利用率低，浪费惊人。为了解家庭用水存在的问题，提倡节约用水、人人有责，养成节水的好习惯。请设计一份家庭用水调查问卷，在家里与父母一起完成，要求每位学生按实际情况填写，填写完毕把调查表的结果收回，再进行统计分析提出合理化建议。

（二）小区公共设施调查

【调查背景】

小区是指在城市一定区域内、具有相对独立居住环境的大片居民住宅，同时配有成套的生活服务设施。这些公共设施在一定程度上体现小区的品质，它们的使用情况也折射出居民的文明程度。在生活中，公共设施被破坏的现象很常见。特别是随着“不再建设封闭住宅小区；已建成的住宅小区和单位大院要逐步打开，实现内部道路公共化”的推出，小区公共设施更难管理，为了让小区里的公共设施更好地发挥作用，增强学生的小公民意识，培养学生保护公共设施的社会责任感，设计了本次调查。

【调查准备】

1. 明确调查目的，确定调查内容、调查对象和调查方法。

2. 设计调查表格、调查问卷。

3. 按小区分小组（如果小区范围很大，可以再分组分片调查，最后集中汇总）。

4. 与社区居委会进行联系，取得他们对活动的支持。

5. 准备调查工具：如照相机、卷尺、录音笔等。

【调查步骤】

1. 了解小区有哪些公共设施及其作用。对公共设施进行分类，如环保类、通信设施类、健身娱乐类、板报橱窗类、美化装饰类等。

2. 分组到各社区里进行观察公共设施的种类和数量，统计公共损坏和完好的数量。记录到表 20 中。

3. 通过观察、询问居民等调查损坏的原因。

4. 对调查数据进行整理、分析，对公共设施损坏的原因进行分类。如自然损坏、人为损坏、管理不善等原因，制定保护措施。对比各社区公共设施情况。

5. 设计汇报方案和讲稿，撰写调查报告。

表 20　社区公共设施数量、种类及现状调查表

记录人：__________　记录时间：____年____月____日

组　长：__________　组　　员：__________________

种类	名称	数量（个）	完好状况（%）	损坏原因
通信类	电话亭、信箱			
健身娱乐类	健身器			
装饰休闲类	花坛、花石亭			
环保类	垃圾箱、垃圾桶			
宣传公益类	有人管理车棚、无人管理车棚			
其他				

【做一做】

垃圾分类情况调查

人们大量地消耗资源，大规模生产，大量地消费，又大量地产生废弃物。你知道你家一年扔出了多少垃圾吗？这些垃圾后来去了哪里？你了解多少垃圾分类的知识？你有垃圾分类的习惯吗？等等。针对这一系列问题，请设计一份调查问卷，在家庭、社区进行调查，并进行统计分析，提出合理化建议。

研学旅行类

2013年年初，国务院印发《国民旅游休闲纲要》，明确要求逐步推行中小学生研学旅行，随后，又颁布《关于促进旅游业改革发展的若干意见和中小学学生赴境外研学旅行活动指南（试行）》等文件，从国家层面对研学旅行的开展做了规定和补充。2016年12月，教育部等11个部门又发布《关于推进中小学生研学旅行的意见》（下称《意见》），提倡要将研学旅行纳入中小学教育教学计划之中。

《意见》界定的“研学旅行”是：由教育部门和学校有计划地组织安排，通过集体旅行、集中食宿方式开展的研究性学习和旅行体验相结合的校外教育活动。它是学校教育和校外教育衔接的创新形式，是教育教学的重要内容，是综合实践育人的有效途径，有着明确的学习和教育目的是研学旅行区别于其他旅游形式的最核心特征。

在学校课程体系中，地理兼跨自然科学和人文科学，其独特的学科视野和丰富的学科内容，使之和研学旅行的联系最为紧密。开展以地理学科为主题的探究式研学旅行，成为提高学生地理核心素养，特别是地理实践力的重要途径。

一、操作流程

（一）明确研学旅行的意义和目标

意义：开展研学旅行，有利于促进学生培育和践行社会主义核心价值观，激发学生对党、对国家、对人民的热爱之情；有利于推动全面实施素质教育，创新人才培养模式，引导学生主动适应社会，促进书本知识和生活经验的深度融合；有利于加快提高人民生活质量，满足学生日益增长的旅游需求，从小培养学生文明旅游意识，养成文明旅游行为习惯。

学生在研学旅行中获得课外知识，同时把课本上的知识运用到实践中，增加了学生对于知识理解的广度和深度，弥补学校教育形式、范围、内容的不足。锻炼人际交往能力，增强团队合作意识，拓宽国际视野，养成良好的公民素养和社会责任意识等等。通过研学，学生的认知、身体、心理、道德、情操等都得到良好的锻炼和发展，是落实立德树人根本任务的重要途径。

目标：以立德树人、培养人才为根本目的，让广大中小学生在研学旅行中感受祖国大好河山，感受中华传统美德，感受革命光荣历史，感受改革开放伟大成就，增强对坚定“四个自信”（即中国特色社会主义道路自信、理论自信、制度自信、文化自信）的理解与认同；同时学会动手动脑，学会生存生活，学会做人做事，促进身心健康、体魄强健、意志坚强，促进形成正确的世界观、人生观、价值观，培养他们成为德智体美全面发展的社会主义建设者和接班人。

（二）选择研学旅行主题和内容

在自然地理、人文地理以及区域地理等众多主题中，精心挑选，选择符合国情、域情、校情和学情的研学旅行主题。在考虑国情时，要依据“立德树人”的教育目标，关注社会讨论的热点教育问题；在考虑域情时，教师要对学校所在地附近可供选择的研学旅行地理资源进行统计与梳理，做到心中有数，可将邻近的地理研学资源作为主题首选，以节约时间和经费；在考虑校情时，因校制宜，查看学校的课程与时间安排，优选节假日时间开展研学旅行，减少对课程安排的影响，还要考虑学校教师们的经验和特长；在考虑学情时，着重考虑学生的身心特点、接受能力和实际需要，选择适宜距离的研学旅行地点与契合学习现状的研学地理资源。

内容选择最好与地理课程及其学习进度相关，以便为学生课堂知识的学习和运用提供素材，巩固教学内容；宜选择学生感兴趣的地理内容与适宜体验性活动的内容，结合当地实际，充分利用地域特色资源，做有地域特色的研学旅行；宜围绕研学主题，进行跨学科融合，设计地理 + 生物、化学、艺术、劳动等的研学任务单，开展探究性的研究学习。按内容来分可以有以下主题：

1. 优秀传统文化主题。包括旅游服务功能完善的文物保护单位、古籍保护单位、博物馆、非遗场所、优秀传统文化教育基地等单位。这类研学能够引导学生传承中华优秀传统文化、传统美德、中华人文精神，坚定学生的文化自觉和文化自信。

2. 革命传统教育主题。包括爱国主义教育基地、革命历史类纪念设施遗址等单位。这类研学引导学生了解革命历史，增长革命斗争知识，学习革命斗争精神，培育新的时代精神。

3. 国情教育主题。包括体现基本国情和改革开放成就的美丽乡村、传统村落、特色小镇、大型知名企业、大型公共设施、重大工程等单位。能够引导学生了解基本国情及中国特色社会主义建设成就，激发学生爱党爱国之情。

4. 国防科工主题。包括国家安全教育基地、国防教育基地、海洋意识教育基地、科技馆、科普基地、科技创新基地、高等学校、科研院所等单位。能够引导学生学习科学知识、培养科学兴趣、掌握科学方法、增强科学精神，树立国家安全意识和国防意识。

5. 自然生态主题。包括自然景区、城镇公园、植物园、动物园、风景名胜区、世界自然遗产地、世界文化遗产地、海洋公园、示范性农业基地、生态保护区、野生动物保护基地等单位。这类研学能够引导学生感受祖国大好河山，树立爱护自然、保护生态的意识。

（三）确定研学旅行地点和路线

随着实践教育改革的加速，研学旅行越来越受到社会的关注。国家、各省、各市每年开展中小学研学教育营地、基地的申报、评审与认定，并从基地条件、运行情况、活动与安全设施、交通与医疗保障、教学目标与服务、课程规划与设置、服务公开、投诉受理、交流合作等方面进行严格管理。使研学产品更专业、更多元、更有内涵，更适合当代中小学生的全面发展。

教师可直接在已公布的省级或市级研学实践教育基地中挑选合适的研学旅行地点。也可委托专门的研学机构来挑选研学地点、设计研学课程等，来减少工作量和规避风险。

但不少学校基于经费来源、时间安排、教学成效、学生人数与安全等制约，并不能开展大规模、远距离的研学。这就要求教师根据实际情况自己确定研学地点和开发校本课程。

考虑到研学旅行不只是身临其境的实地体验，不仅要通过“旅行”来加深对各学科现象、问题、原理的理解，还应该通过“旅行”培养学生的“研学”意识、能力，即应用实践及创新意识和能力。在选择研学旅行地点时，各学科教师要一起研讨、相互借鉴，探索跨学科、综合性的研学方案，如联系本地域的历史文化背景以及自然地理环境特点，优先选择本地域的研学地点，更能凸显地域特色，更具可行性、节约性、便捷性，并能增强学生对家乡的了解与热爱。

在选择出行线路时，要充分开发沿途研学资源，边走边学，使研学旅行的价值得到最大程度的发挥，增加学生的研学旅行收获，使他们不虚此“行”。

（四）行前培训与准备

出行前要对教师和学生进行培训，从研学目的地选择、研学主题和方案确定、活动内容任务，到分组分工、组织纪律、安全防护、活动注意事项等，到活动后的总结汇报与最终成果提交形式等方面进行指导。有时还要对学生家长进行培训，以寻求家长的支持，实现家校联合。

准备每天的研学任务单，汇编成研学旅行记录册，内容可包括当天行程和研学主题，地理研学知识的整理、地理照片的挑选与解读，理财日记，印象最深刻的人与事，每日感悟等。让学生带着任务去，载着收获归。

（五）旅行中的地理研学策略

研学旅行不同于传统课堂，要求学生调动所有感官，集中精力，全身心地投入其中，将所见所闻都作为学习对象，对信息进行有效的获取和输入、加工和输出。地理研学旅行应关注地理研究几大问题：它在哪里？它是什么样子的？它为什么在那里？它如何出现？它带来什么影响？怎样使它有利于人类和自然环境？通过研学旅行帮助学生从地理的角度来思考这些问题。帮助青少年理解并欣赏地方和景观的形成过程、人类和环境的相互作用、日常空间决策所引发的影响，以及地球上多样且相互联系的文化和社会现象。它不仅赋予青少年21世纪的核心素养，而且引入独特的调查工具，如地图、实地考察，以及功能强大的数字通信技术。旅行中的地理研学可按如下步骤操作：

1. **空间定位：**解决“它在哪里”的问题。联系地理所学，熟练读图，知晓并描述地理位置，包括半球位置、经纬度位置、海陆位置和相对位置等。

2. **事象特征：**解决“它是什么样子的”的问题。观察、判断和参观。主要观察、判断、参观自然现象、劳动成果与文明成果，如河流山川、土地利用现状、交通建筑、风俗民情等。教师的主要职责是告诉学生看什么、如何看，帮助学生把握地理事物和现象的关键特征。

3. **因果关系：**解决“它为什么在那里”的问题。依据已有知识判别所见事物与现象，对其自然和人文地理要素组成与联系进行剖析。自然地理要素包含土壤、地形、生物、气候、水文等；人文地理要素包含人口、资源、交通、工业、农业、历史、科技等。

4. **过程分析：**解决“它如何出现”的问题。体现各地理要素或现象在时间变化上是如何相互作用、不断演化的，相互联系的紧密程度与作用大小又是如何排序的。

5. **空间联系：**解决“它带来什么影响”的问题。学生感悟和认识空间与空间之间的关系，空间内部的联系，人类社会与自然环境之间的内在机制，更加深刻地认识人类生存的空间环境。

6. **人地关系**：解决“怎样使它有利于人类和自然环境”的问题，让地理服务于人类，理解人与人之间的关系，理解个人对自然环境和他人的责任，学会如何与所有生物（包括人类自己）和谐相处。

（六）成果分享交流与评价反思

在研学结束后，教师应及时组织学生回顾研学旅行的全过程，对研学旅行中的地理知识、地理技能、地理方法和感悟体会，进行整理与反思，分享与交流，挑出重点、选出典型，从中总结收获与成功之处，反思不足与需改进之处，为下次研学活动提供借鉴。同时，通过宣传栏、黑板报和网络媒体等途径，加强对研学过程和成果的宣传，以调动更多学生的参与热情，也让学生感受到地理学科的生活化和实用性。

研学旅行活动的评价，包括过程性评价与结果性评价。过程性评价囊括了对学生的研学旅行记录册的评价，学生在研学旅行中的地理活动参与积极性、地理活动组织能力、合作完成地理任务的能力、人际交往能力、探究地理问题的能力以及纪律表现等全方位的考察和评价。结果性评价通过学生的地理考察总结报告、地理收获征文比赛、研学方案设计和地理景观摄影比赛的成绩等来综合考评。综合教师、专业人士、学生及家长评价等多元化评价方式，评出优秀小组和优秀个人，并将最后的分数计入学生综合素质考评体系之中。

二、研学案例：古城新韵　魅力东莞

【研学地点介绍】

东莞地处广州、深圳、香港三大都市的中轴线上，位于珠江三角洲的发展中心，又是“海上丝绸之路”的重要节点，地理位置十分优越。三十多年来，凭借着“天时、地利、人和”的优势，东莞率先发展，以镇街经济为支柱，以产业集群为特色，成为影响世界的“现代制造业名城”，是中国经济最发达的地区之一。

东莞历史源远流长。从新石器时代就已有原始人群聚居。东莞名称源于境内盛产一种水草——莞草。东莞是一个具有光荣革命传统的城市。1839 年，林则徐虎门销烟，打开了中国反抗外国侵略、维护中华民族尊严的新篇章；抗日战争时期，东莞是东江纵队的抗日根据地之一。1988 年 1 月 7 日，东莞市升格为地级市，隶属广东省。

东莞的城市形象非常丰富，典型的如林则徐虎门销烟池、虎门炮台、可园、南社古村等物质文化遗产，还有粤剧、粤曲、木偶戏、木鱼歌、莞邑醒狮艺术、樟木头客家麒麟艺术、东坑“卖身节”、望牛墩“七姐诞”、厚街“抢炮头”、横沥红荔风情节和荔枝节、虎门“服装节”、石龙的“龙舟节”等非物质文化遗产，还有现代意义上的东莞制造、东莞篮球，等等。

【研学旅行方案】

1. 研学旅行目标

本次“魅力东莞”地理研学旅行具体目标如表 21。

表 21 “魅力东莞”地理研学旅行目标

核心素养	目 标
人地协调	1. 访谈了解镇区产业对当地经济发展的重要价值，理解政策、资源、环境与发展的相互关系。 2. 参观社区建设，感受人地协调的重要性。
综合思维	1. 结合土壤、地形、水文、气候等自然因素，综合分析东莞农业发展的有利因素。 2. 结合东莞的地理位置、人口特点、政策、交通、科技等地理因素，综合分析东莞成为“现代制造业名城”的原因。
区域认知	从自然地理（土壤、地形、气候、水文、生物等）、经济地理（优越的地理位置和发展政策带来的人口、经济活动的富集等）、历史文化等方面对东莞进行区域认知。
地理实践力	1. 能够独立设计和实施地理实践活动，主动从反思和体验中学习。 2. 能够提出有创造性的想法和做法，克服困难，解决问题。 3. 能够运用各种地理调查方法，积极探索原因。 4. 对东莞观察体验，感受历史发展，理解“现代制造业名城”和“文化名城”的地位。树立正确的地理观和爱祖国、爱家乡的态度。

2. 研学旅行主题

以区域地理“古城新韵　魅力东莞”为主题。主要参观博物馆、历史遗迹和新城建设，感受东莞的悠久历史和现代都市风貌，结合东莞的自然地理、经济地理、岭南文化等分析东莞的位置优越性、经济优势和文化优势，感受东莞各方面的魅力。

3. 研学旅行内容

表 22 “魅力东莞”研学旅行内容安排

研学时间	研学地点	研学内容	教师活动	学生活动
前期准备	学校	研学背景介绍和路线设计意图。	介绍东莞的自然、经济、文化等概况。	调用已有知识，从区域认知的一般方法了解东莞。
行前培训	学校	学内容和方法介绍，研学手册。	分组分工、拟定研学规章制度，介绍每天行程内容与要求，讲解研学方法。	学习研学规章制度，了解每天的研学内容，掌握常用的观察、调查等方法。
第一天	长安镇乌沙、厦岗沙区	1. 参观长安乌沙社区的电子、五金模具产业等，了解镇街经济。 2. 参观社区，了解当地居民的生活、社会福利等。 3. 参观沙区滨海，了解滩涂的开发利用。	1. 介绍乌沙社区的名牌企业步步高的发展历程，介绍镇街经济、“三资”企业。 2. 分组调查五金模具广场和江贝社区。 3. 引导学生观察和分析滩涂的开发利用。	1. 参观 OPPO 厂和小天才研发中心，尝试分析影响企业发展的地理因素。 2. 游江贝社区，访当地居民，品长安盆菜与腊味等，感受新农村的变化。 3. 调查五金模具的产销情况，多角度理解重工业。 4. 参观厦岗沙区沿途景观，了解滩涂的开发利用。
第二天	虎门镇鸦片战争博物馆、服装批发市场、虎门港	1. 参观鸦片战争博物馆，了解历史，培养爱国主义精神。 2. 体会时装名城的风采。 3. 参观虎门港，了解滨海湾新区的创建背景与发展规划。	1. 组织学生参观林则徐纪念馆、海战博物馆、销烟池与沙角炮台等。 2. 逛黄河服装批发市场，引导学生观察服装特点、购买人群、客流情况等。 3. 介绍东莞滨海湾新区与粤港澳大湾区。	1. 感受虎门的历史文化与现代城市风貌，感受社会主义建设的伟大成就。 2. 分析商业发展的区位因素。 3. 品虎门鲜虾荷叶饭、河豚汤，看时装会展。 4. 思考如何在快速的工业化和城市化进程中保护好传统文化。
第三天	松山湖华为欧洲小镇、北部电子工业园	1. 参观欧洲小镇，了解华为企业文化与管理。 2. 参观北部电子工业园，了解“东莞硅谷”。 3. 环湖畅游。	1. 介绍华为企业文化、价值和管理。 2. 介绍松山湖的总体规划和发展成就。	1. 分析华为落户松山湖的原因。 2. 体验松山湖“科技共山水一色，新城与产业齐飞”的规划设计理念，树立人地和谐观点。 3. 尝试分析东莞经济如何向现代化城市的转型，培养综合思维。 4. 赏松湖烟雨、松湖花海，了解湖泊对城市的作用。

三、“地理研学之旅”方案设计优秀作品展示

为了让更多的学生参与到地理研学中，布置学生以“行走家乡、览胜祖国、放眼世界”为主旨，围绕主题，开展如“红色之旅”“生态之旅”“文化之旅”“活力之旅”等活动，自主确定研学线路，设计研学方案，并把主题介绍、行程安排、重要景点等内容手绘在四开图画纸上。下面是部分优秀的学生作品。

学生作品展出

冯杨洋 《江西之旅名山篇》

王佳琪　《文化之旅之桂林》

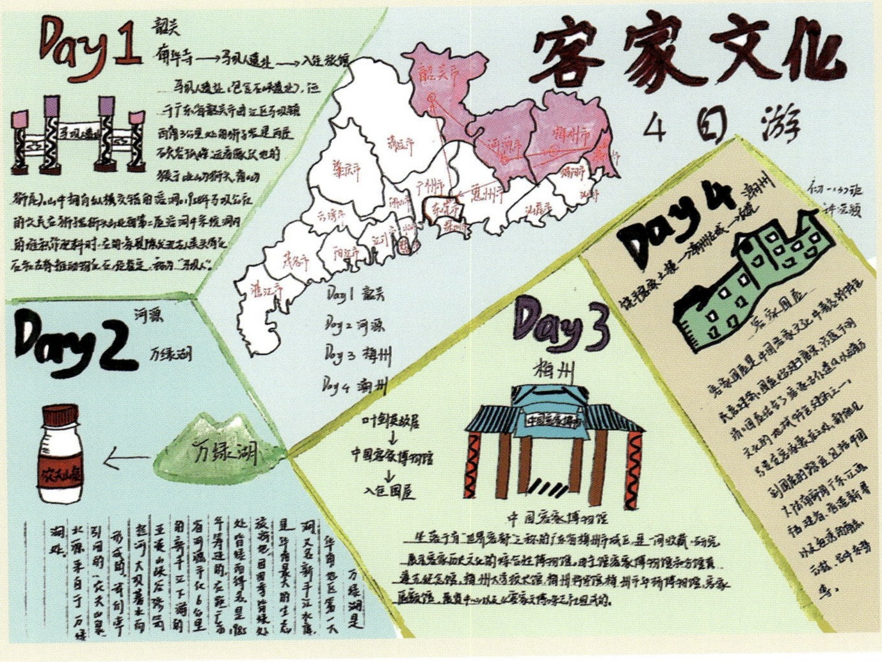

冯杨洋　《客家文化4日游》

李雅燕　《闽游》

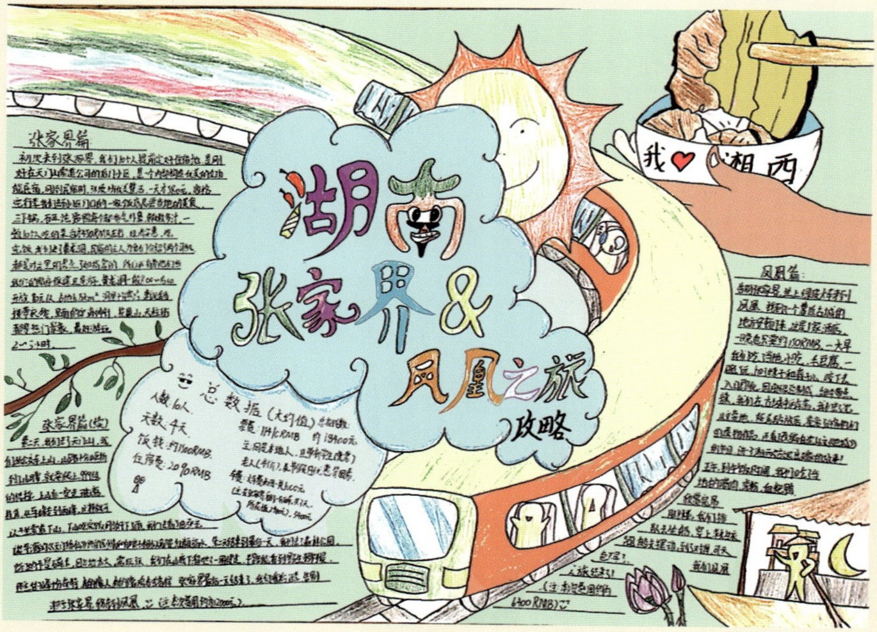

《湖南张家界、凤凰之旅攻略》

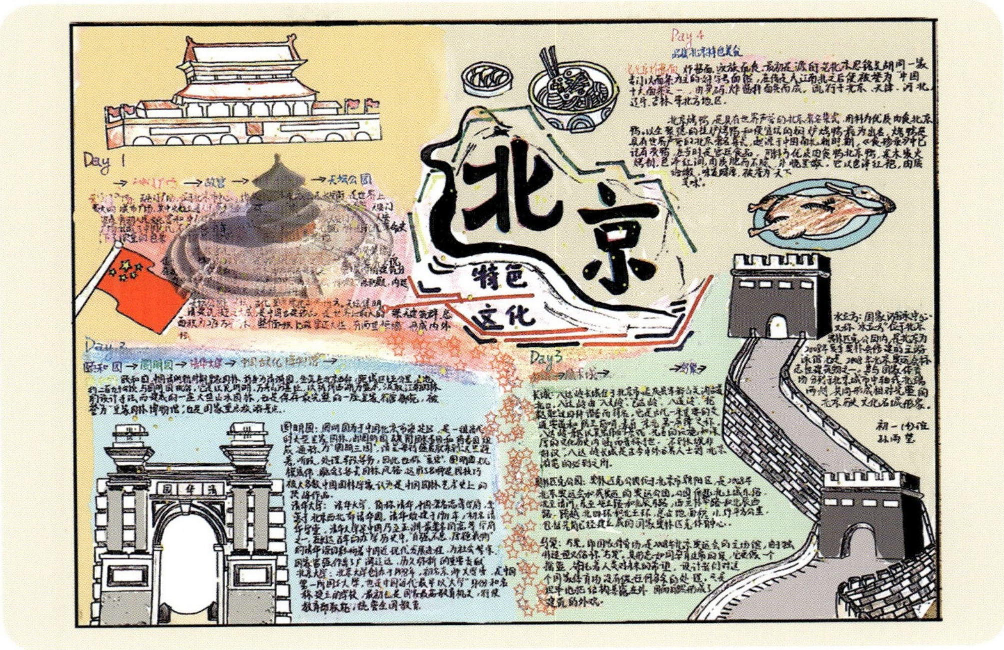

孙雨莹　《北京特色文化游》

刘安琪　《东莞特色美食游》

廖可瑜 《韶关深度游》

陈丽阳、薛逸垒 《红色研学之广州》

张小柔、钟蕊 《早茶文化》

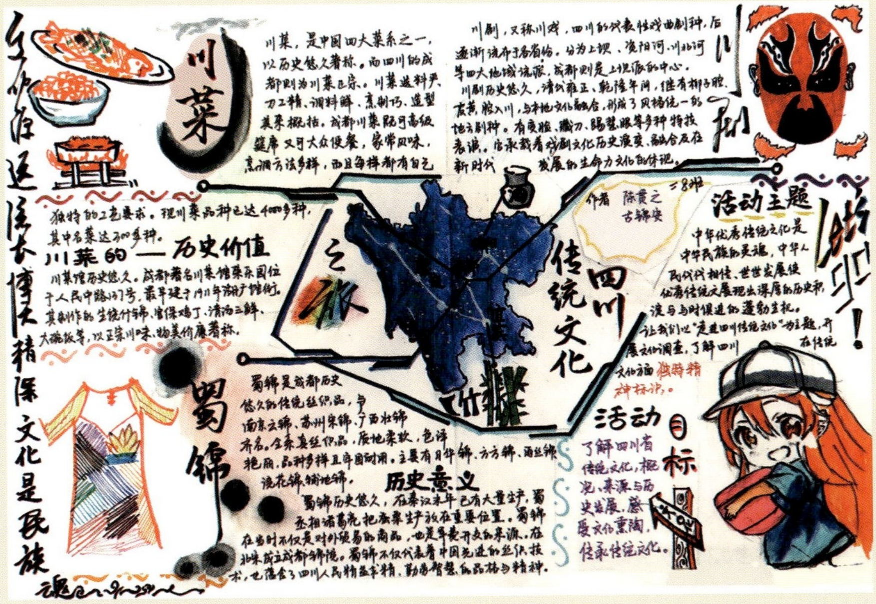

陈贯之、古锦安 《四川传统文化之旅》

王艺琴 《西安一日游》

陈楚盈 《客家文化之旅》

卿诚美 《云南丽江游》

孙紫柔 《文化吃旅》

后　记

从 2006 年笔者创建长安实验中学首届“史地活动周”开始，我校一直坚持每年组织学生开展手绘地图、环保漫画、思维导图、地理制作、野外考察、撰写小论文等学生活动，至今已经举办到第 18 届，这为本书提供了大量的素材，也为笔者系列“概念教学研究”提供了现实依据。地理教研组的陈小玲、张玲、佘晓彤、蔡锦萍、袁冬仪、蔡雪云、葛瑞湘、麦咏欣、叶启航、蔡晓淇、植玉珍、刁苑婷、窦广丽、祝锦余、肖冉、蔡瀚铧、张艳丽等老师积极参与其中，辅导学生。本书还采用了东莞市地理教师李想、谢满雄、谢金龙、宁海滨、梁丽如、甘金灵、杨晓红、陈丽琼等老师指导的学生作品。因为当年我们的关注目光都是在学生身上，大家作为一个团队，不分彼此，没有记录下哪个作品具体是哪位老师指导，所以本书 2018 年以前的作品只有作品名称和作者姓名，没有指导老师的姓名。重印补充的图片和能确定指导老师的旧作品，笔者就补充了指导老师。感谢他们的支持！感谢学校的支持！

在本书撰写过程中，笔者参考了大量资料，在此，特向相关作者表示感谢和敬意。还要感谢人民教育出版社丁尧清博士、华南师范大学曾玮副教授、广东教育研究院周顺彬老师和施美彬老师、东莞市地理教研室李宏定老师一直以来的鼓励和帮助，深深地感谢他们！

图 29　2006—2009 年“史地活动周”海报